Hrushikesh Deshpande
Kailash Karande

Desenho fundamental e optimizado do algoritmo AES em FPGA

Hrushikesh Deshpande
Kailash Karande

Desenho fundamental e optimizado do algoritmo AES em FPGA

ScienciaScripts

Imprint

Cover image: www.ingimage.com

This book is a translation from the original published under ISBN 978-3-659-86352-3.

Publisher:
Sciencia Scripts
is a trademark of
Dodo Books Indian Ocean Ltd. and OmniScriptum S.R.L publishing group

120 High Road, East Finchley, London, N2 9ED, United Kingdom
Str. Armeneasca 28/1, office 1, Chisinau MD-2012, Republic of Moldova, Europe
Managing Directors: Ieva Konstantinova, Victoria Ursu
info@omniscriptum.com

Printed at: see last page
ISBN: 978-620-8-39308-3

ÍNDICE DE CONTEÚDO

PREFÁCIO

Este livro centra-se principalmente na investigação na nova área recente do algoritmo de segurança de rede e na sua conceção optimizada no domínio da área. Talvez o desenvolvimento mais importante no algoritmo criptográfico pelo Instituto Nacional de Padrões e Tecnologia dos EUA (NIST) em 2001 seja a evolução dos algoritmos de segurança de rede. O AES está incluído na norma ISO/IEC 18033-3. O AES está disponível em muitos pacotes de encriptação diferentes e é a primeira cifra aberta e acessível ao público aprovada pela Agência de Segurança Nacional (NSA) para informação ultra-secreta quando utilizada num módulo criptográfico aprovado pela NSA. O AES foi adotado pelo governo dos EUA e é atualmente utilizado em todo o mundo. Substitui o Data Encryption Standard (DES)[8], publicado em 1977. O algoritmo descrito pelo AES é um algoritmo de chave simétrica, o que significa que a mesma chave é utilizada tanto para encriptar como para desencriptar os dados.

Este livro destina-se a um vasto leque de leitores que beneficiarão de uma compreensão do algoritmo AES e do seu processo global associado à implementação de software VHDL no dispositivo FPGA da Xilinx. Inclui estudantes e profissionais no domínio do processamento e comunicação de dados, projectistas e implementadores e clientes e gestores de redes e comunicação de dados. Este livro foi concebido para ser autónomo, para leitores com pouca ou nenhuma experiência em algoritmos criptográficos.

O objetivo deste livro é fornecer um estudo técnico abrangente do protocolo AES e da sua arquitetura com fluxo de dados, incluindo uma análise detalhada dos resultados de encriptação e desencriptação de forma optimizada em termos de área. Este livro está dividido em cinco partes. A primeira parte trata da introdução dos parâmetros da rede, incluindo a discussão dos princípios básicos da segurança da rede, os seus tipos, os tipos de cifra e de chave e a análise dos modos de cifra de bloco. A segunda parte é dedicada às noções básicas de FPGA, incluindo os tipos de PLD, os programadores de FPGA e o estudo do dispositivo XILINX SPARTAN. A terceira parte centra-se no algoritmo AES e nas suas arquitecturas básicas de fluxo de dados. A quarta parte aborda os modelos de software AES e as suas técnicas de encriptação e desencriptação. A quinta parte analisa os resultados optimizados do modelo de software e examina questões críticas e estudos comparativos sobre a redução da área em termos de área. Este livro inclui uma extensa lista de termos tecnológicos, com ênfase tanto na tecnologia como nas normas. Este livro fornece um guia completo para compreender as muitas recomendações emitidas pelo FIPS nos parâmetros do NIST.

AGRADECIMENTOS

Este livro beneficiou da conceção global e da revisão das conclusões do meu trabalho de PG. É para mim um privilégio ter estado associado ao Dr. Kailash J. Karande, Diretor da Faculdade de Engenharia SKN Sinhgad, o meu guia, durante o meu trabalho de investigação de PG e a redação deste livro. É com grande prazer que lhe exprimo o meu profundo sentimento de gratidão pela sua valiosa orientação, encorajamento constante, motivação, apoio e paciência ao longo deste trabalho de investigação. A sua inspiração contínua contribuiu muito para o meu desenvolvimento pessoal e moldou a minha carreira como professor apaixonado.

A. B. Jagadale H.O.D (Departamento de Eletrónica e Telecomunicações) e ao Prof. A.O. Mulani pela sua orientação e apoio durante este trabalho de projeto

Por último, gostaria de agradecer a todos aqueles que contribuíram direta ou indiretamente para a elaboração deste livro.

-Sr. Hrushikesh S. Deshpande

CAPÍTULO 1 INTRODUÇÃO À SEGURANÇA DAS REDES

No mundo digital de hoje, a cifragem está a emergir como uma parte desintegrável de todas as redes de comunicação e sistemas de processamento de informação, para proteger os dados armazenados e em trânsito. A encriptação é a transformação de dados simples (conhecidos como texto simples) em dados ininteligíveis (conhecidos como texto cifrado) através de um algoritmo designado por cifra. Existem numerosos algoritmos de encriptação que são atualmente utilizados em computação, mas o governo dos EUA adoptou a norma de encriptação avançada (AES) para ser utilizada pelos departamentos e agências federais para proteger informações sensíveis.

1.1 Algoritmo de segurança de rede: -

Qualquer cifra simétrica convencional, como a AES, requer uma única chave para a cifragem e a decifragem, que é independente do texto simples e da própria cifra. Deveria ser impraticável recuperar o texto simples apenas com base no texto cifrado e no algoritmo de cifragem, sem conhecer a chave de cifragem. Assim, o carácter secreto da chave de cifragem é de grande importância em cifras simétricas como a AES. A implementação de algoritmos de cifragem por software não garante o sigilo absoluto da chave, uma vez que o sistema operativo, no qual o software de cifragem é executado, é sempre vulnerável a ataques. Há outros inconvenientes importantes na implementação por software de qualquer algoritmo de cifragem, incluindo a falta de instruções da CPU que funcionem com operandos muito grandes, a incompatibilidade do tamanho das palavras em diferentes sistemas operativos e o menor paralelismo no software. Além disso, a implementação do software não permite atingir a velocidade necessária para aplicações de cifragem de tempo crítico.

Assim, a implementação em hardware de algoritmos de encriptação é uma alternativa importante, uma vez que proporciona o máximo sigilo da chave de encriptação, maior velocidade e mais eficiência através de níveis mais elevados de paralelismo. Atualmente, existem diferentes versões do algoritmo AES (AES128, AES196 e AES256), dependendo do tamanho da chave de encriptação. Neste livro, um modelo de software para implementar o algoritmo AES128 é desenvolvido usando a linguagem de descrição de hardware System VHDL. Uma caraterística única do design proposto neste livro é que as chaves de ronda, que são consumidas durante diferentes iterações de encriptação, são geradas em paralelo com o processo de encriptação.

1.2 Validação e otimização: -

O processo de validação continuou até que o modelo fosse verificado para uma determinada cobertura funcional. Em seguida, o modelo verificado foi sintetizado utilizando a ferramenta Xilinx ISE Project Navigator 14.1 para obter uma estimativa do número de fatias, pinos de E/S e utilização da área. Além disso, o algoritmo AES128 foi comparado com desenhos anteriores, o que permitiu comparar o desempenho e a otimização da área de encriptação e desencriptação. Os FPGAs são dispositivos de "grão fino". Isto significa que contêm uma grande quantidade (até 100000) de pequenos blocos de lógica com flip-flops. Os CPLDs são dispositivos de "grão grosso". Contêm relativamente poucos (algumas centenas, no máximo) blocos grandes de lógica com flip-flops.

O requisito de segurança da informação numa organização sofreu duas grandes alterações nas últimas décadas. Antes da utilização generalizada de equipamento de processamento de dados, a segurança da informação considerada valiosa para uma organização era assegurada principalmente por meios físicos e administrativos. Um exemplo dos primeiros é a utilização de armários de arquivo robustos com uma fechadura de combinação para guardar documentos sensíveis. Um exemplo do segundo são os procedimentos de seleção do pessoal utilizados durante o processo de contratação. Com a introdução do computador, tornou-se evidente a necessidade de ferramentas automatizadas para proteger ficheiros e outras informações armazenadas no computador.

1.3 Noções básicas de segurança de rede

Isto é especialmente verdade no caso de um sistema partilhado, como um sistema de tempo partilhado, e a necessidade é ainda mais premente no caso de um sistema acedido através de uma rede telefónica pública, de uma rede de dados ou da Internet. O nome genérico para o conjunto de ferramentas destinadas a proteger os dados e a impedir os piratas informáticos é segurança informática. A segunda grande mudança que afectou a segurança foi a introdução do sistema distribuído e a utilização de redes e meios de comunicação para transportar dados entre o utilizador terminal e o computador e entre o computador e o computador. A medida de segurança da rede é necessária para proteger os dados durante a sua transmissão. De facto, o termo segurança da rede é um pouco enganador, porque praticamente todas as empresas, organizações governamentais e académicas interligam o seu equipamento de processamento de dados com um conjunto de redes interligadas. Esse conjunto é muitas vezes designado por Internet, e o termo segurança da Internet é utilizado .

Não existem fronteiras claras entre estas duas formas de segurança. Por exemplo, um dos tipos de ataque mais publicitados aos sistemas de informação é o vírus informático. Um vírus pode ser introduzido fisicamente num sistema quando chega numa disquete e é subsequentemente carregado num computador. Os vírus também podem chegar através da Internet. Em qualquer dos casos, uma vez que o vírus se encontra num computador, são necessárias ferramentas de segurança para o detetar e recuperar do vírus.

1.4 Introdução à criptografia

A criptografia é o estudo de técnicas matemáticas relacionadas com aspectos da segurança da informação, como a confidencialidade ou privacidade, a integridade dos dados e a autenticação de entidades. A criptografia não é o único meio de garantir a segurança da informação, mas sim um conjunto de técnicas. Confidencialidade significa manter a informação secreta de todos, exceto daqueles que estão autorizados a vê-la. Integridade dos dados significa garantir que as informações não foram alteradas por meios não autorizados ou desconhecidos. A autenticação de entidades significa a confirmação da identificação de uma entidade. Encriptação é o processo de conversão de texto simples em texto cifrado.

Uma chave é uma informação, normalmente um número, que permite a um recetor. Outra chave também permite a um recetor descodificar as mensagens que lhe são enviadas. Existem alguns tipos de encriptação. São elas as técnicas clássicas, as técnicas modernas e a encriptação de chave pública. Nas técnicas clássicas, existem técnicas de substituição e técnicas de transposição. Nas técnicas de substituição, existem a cifra simples, a cifra monoalfabética e a cifra polialfabética. Nas técnicas modernas, os algoritmos de cifra de bloco, cifra de fluxo e DES são amplamente utilizados para a proteção de dados.

A criptografia proporcionou-nos Assinaturas Digitais que se assemelham em funcionalidade à assinatura manuscrita e Certificados Digitais relacionados com um bilhete de identidade ou outros documentos oficiais. Existem algumas aplicações da criptografia. São elas a comunicação segura, a identificação, a partilha de segredos, o comércio eletrónico, a recuperação de chaves e o acesso remoto. A

O Advanced Encryption Standard é um algoritmo de segurança que pode ser programado em software ou construído com hardware puro. No entanto, os FPGAs (Field Programmable Gate Arrays) oferecem uma solução mais rápida e personalizável. Este estudo investiga o algoritmo AES no que respeita à FPGA e à linguagem de descrição de hardware de circuitos integrados de muito alta velocidade (VHDL) em função do tipo de chave.

1.5 Categorias de chaves no algoritmo criptográfico

Existem dois tipos principais de chave no algoritmo criptográfico.

1: - Chave simétrica

2: - Chave assimétrica

1.5.1 Chave simétrica:

> O remetente e o destinatário partilham uma chave.

> Um elemento secreto de informação utilizado para encriptar ou desencriptar a mensagem.

> Se uma chave for secreta, ninguém, para além do emissor ou do recetor, pode ler a mensagem.

> Se Alice e o banco tiverem uma chave secreta, podem enviar mensagens privadas um ao outro.

> A tarefa de escolher em privado uma chave antes da comunicação pode, no entanto, ser problemática.

1.5.2 Chave assimétrica:

> Resolve o problema da troca de chaves definindo um algoritmo que utiliza duas chaves, cada uma das quais pode ser utilizada para encriptar a mensagem.

> Se for utilizada uma chave para encriptar uma mensagem, deve ser utilizada outra chave para a desencriptar.

> Isto permite receber mensagens seguras, bastando publicar uma chave (chave pública) e manter outra secreta (chave privada).

> Qualquer pessoa pode encriptar uma mensagem utilizando uma chave pública, mas só o proprietário da chave pública a pode ler.

> Desta forma, Alice pode enviar uma mensagem privada ao proprietário de um par de chaves (o banco), encriptando-a com a sua chave pública. Só o banco a pode decifrar.

> Quando a autenticação e a integração de dados, juntamente com a segurança dos dados, são necessárias, a chave assimétrica é utilizada para uma melhor segurança. O algoritmo de chave assimétrica AES utiliza iterações diferentes nos lados da encriptação e da desencriptação. É utilizado na comunicação multiportadora, em que os dados de bandas de frequência diferentes são transmitidos através do mesmo canal.

> O algoritmo AES funciona com uma cifra de bloco de 128, 192 e 256 bits quando utilizado em modo assimétrico. O algoritmo AES é utilizado tanto para a deteção como para a rotação de pacotes de dados quando utilizado em sistemas de comunicação em linha.

> A estrutura assimétrica segue a estrutura de rede SPN em vez da estrutura Fresnel, que se baseia na deslocação e na realização de operações em LPT ou RPT, como no algoritmo DES.

1.6 Termos relacionados:-

> **Plaintext**: - Uma mensagem ou dados originais inteligíveis que são introduzidos no algoritmo como entrada.

> **Texto cifrado:** - A mensagem codificada é conhecida como texto cifrado. Depende do texto simples e da chave secreta.

> **Encriptação: -** O processo de conversão de texto simples em texto cifrado que é conhecido como Encriptação.

> **Desencriptação: -** Restaurar o texto simples a partir do texto cifrado, o que é conhecido como desencriptação.

1.7 Rede de fluxo de dados: -

Uma mensagem a ser transferida de uma parte para outra através de uma espécie de Internet. As duas partes, que são os mandantes nesta transação, têm de cooperar para que a troca tenha lugar. Um canal de informação lógico estabelecido pela definição de uma rota através da Internet da origem ao destino e pela utilização cooperativa do protocolo de comunicação (por exemplo, TCP/IP) pelos dois princípios.

Os aspectos de segurança entram em jogo quando é necessário ou desejável proteger a transmissão de informações de um adversário que possa representar uma ameaça à confidencialidade, autenticidade, etc. Uma transformação relacionada com a segurança da informação a enviar. Os exemplos incluem a cifragem da mensagem, que a codifica de modo a torná-la ilegível para o adversário, e a adição de um código baseado no conteúdo da mensagem, que pode ser utilizado para verificar a identidade do remetente.

1.8 Modelo de segurança da rede

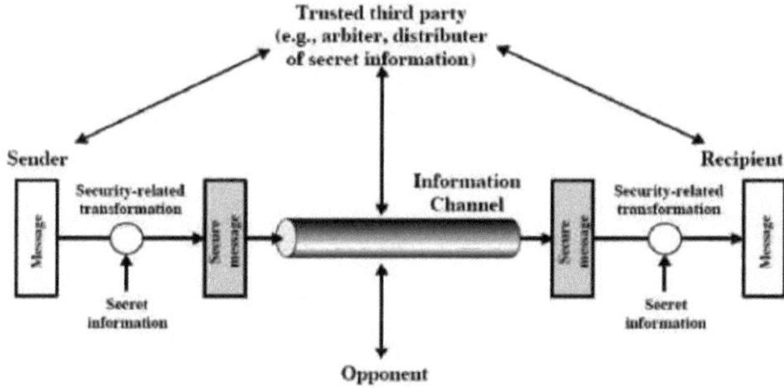

Fig. 1.1 Modelo de Segurança de Redes

Alguma informação secreta partilhada pelos dois mandantes e, espera-se, desconhecida do oponente. Um exemplo é uma chave de encriptação utilizada em conjunto com a transformação para baralhar a mensagem antes da transmissão e desembaralhá-la na receção, como mostra a Figura 1.1. Por exemplo, um terceiro pode ser responsável pela distribuição da informação secreta aos dois mandantes, mantendo-a ao abrigo de qualquer adversário. Ou pode ser necessário um terceiro para arbitrar litígios entre os dois mandantes sobre a autenticidade da transmissão de uma mensagem.

Este modelo geral mostra que existem três tarefas básicas na conceção de um determinado serviço de segurança. Conceber um algoritmo para efetuar a transformação relacionada com a segurança. O algoritmo deve ser tal que um oponente não possa derrotar o seu objetivo. Estas três tarefas básicas são as seguintes,

1. Gerar a informação secreta a ser utilizada com o algoritmo

2. Desenvolver métodos para a distribuição e partilha das informações secretas.

3. Especificar o protocolo a utilizar pelos dois mandantes que utilizam o algoritmo de segurança e as informações secretas para obter um determinado serviço de segurança.

No entanto, existem outras situações de interesse relacionadas com a segurança que não se enquadram perfeitamente neste modelo, mas que são aqui consideradas. Um modelo geral desta outra situação é ilustrado pelo hacker, que reflecte a preocupação de proteger um sistema de informação contra o acesso indesejado. O pirata informático pode ser alguém que, sem qualquer intenção maligna, simplesmente se satisfaz com a invasão de um sistema informático.

Por outro lado, o intruso pode ser um funcionário descontente que deseja causar danos, ou um criminoso que procura explorar os bens informáticos para obter ganhos financeiros (por exemplo, obter números de cartões de crédito ou efetuar transferências ilegais de dinheiro)

1.9 Técnicas modernas:-

O algoritmo de cifragem de bloco virtualmente todo-simétrico atualmente utilizado baseia-se numa estrutura designada por cifra de bloco Festal. Os tipos de cifra são os seguintes ,

1.9.1 Cifras de fluxo: -

Uma cifra de fluxo é uma cifra que encripta um fluxo de dados digitais, um bit ou um byte de cada vez. Exemplo de cifras de fluxo clássicas com estrutura de chaveamento automático.

1.9.2 Cifras de bloco: -

Uma cifra de bloco é aquela em que um bloco de texto simples é tratado como um todo e utilizado para produzir um bloco de texto cifrado de igual comprimento. Normalmente, é utilizado um tamanho de bloco de 64 ou 128 bits. Usando alguns dos modos de operação explicados mais adiante neste capítulo, uma cifra de bloco pode ser usada para obter o mesmo efeito que uma cifra de fluxo.

A análise das cifras de bloco foi objeto de um esforço muito maior. Em geral, parecem ser aplicáveis a uma gama mais vasta de aplicações do que as cifras de fluxo. A grande maioria das aplicações criptográficas simétricas baseadas em rede utiliza as cifras de bloco

1.10 Modos de cifra de bloco

1.10.1 Livro de códigos eletrónico (ECB)-

Neste modo está a aplicação mais simples e mais óbvia: a chave secreta emitida para encriptar o bloco de texto simples para formar um bloco de texto cifrado, como mostra a Figura 1.2. Assim, dois blocos de texto simples idênticos gerarão sempre o mesmo bloco de texto cifrado. Embora este seja o modo mais comum das cifras de bloco, é suscetível a uma variedade de ataques de força bruta.

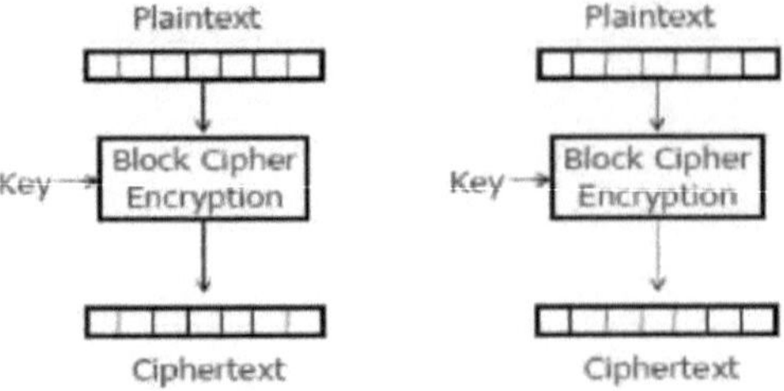

Fig. 1.2. Livro de códigos eletrónico

1.10.2 Encadeamento de blocos de cifras (CBC)

Este modo acrescenta um mecanismo de feedback ao esquema de cifragem. No CBC, como se mostra na Figura 1.3, o texto simples é exclusivamente -OR (XOR) com o bloco de texto cifrado anterior antes da cifragem. Neste modo, dois blocos idênticos de texto simples nunca são encriptados no mesmo texto cifrado.

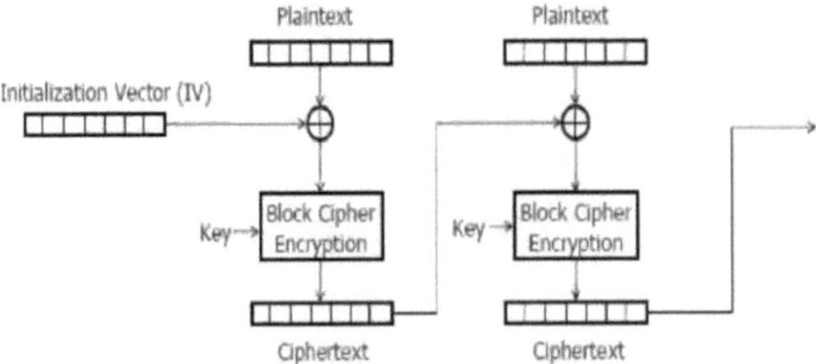

Fig. 1.3. Encadeamento de blocos de cifra (CBC)

1.10.3 Feedback de cifra (CFB):-

Neste modo, a cifra de bloco é implementada como uma cifra de fluxo auto-sincronizável. O modo CFB permite que os dados sejam encriptados em unidades mais pequenas do que o tamanho do bloco, o que pode ser útil em algumas aplicações, como a encriptação de terminais interactivos. No modo CFB de 1 byte, por exemplo, como mostra a Figura 1.4, cada caracter de entrada é colocado num registo de deslocamento do mesmo tamanho que o bloco, encriptado e o bloco transmitido. No lado da receção, o texto cifrado é decifrado e os bits extra no bloco (ou seja, tudo o que está acima e além de um byte) são descartados.

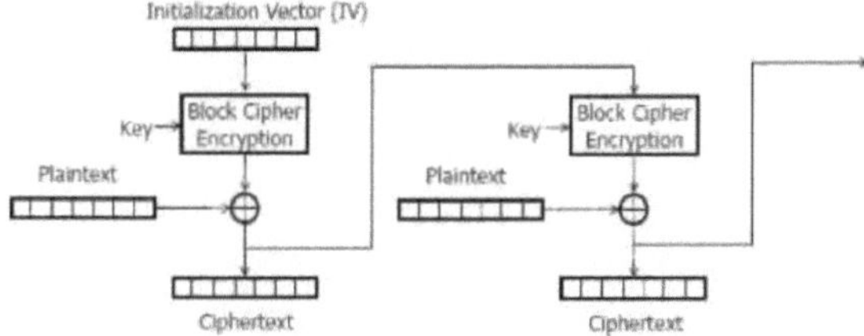

Fig. 1.4. CipherFeedback(CFB)

1.10.4 Feedback de saída (OFB):-

Neste modo, é uma implementação de cifra de bloco concetualmente semelhante à cifra de fluxo assíncrona. Como se mostra na Figura 1.5, o OFB impede que o mesmo bloco de texto simples gere o mesmo bloco de texto cifrado, utilizando um mecanismo de feedback interno que é independente dos fluxos de bits do texto simples e do texto cifrado

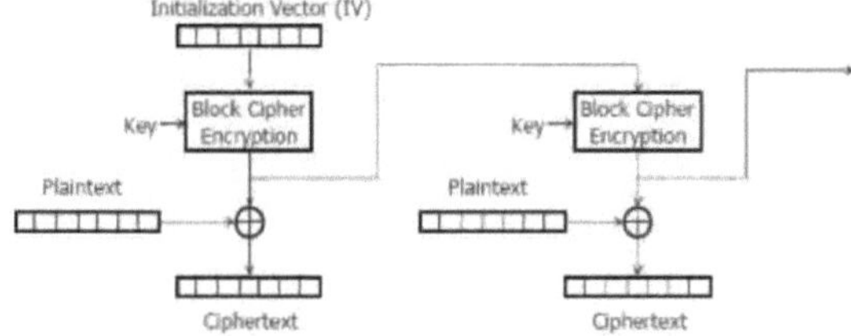

Fig. 1.5. Realimentação de saída (OFB)

1.11 Algoritmos comparados:-

Esta secção pretende dar aos leitores os conhecimentos necessários para compreender as principais diferenças entre

1.11.1 DES: -

Data Encryption Standard, foi a primeira norma de encriptação a ser recomendada pelo NIST (National Institute of Standards and Technology).

Baseia-se no algoritmo proposto pela IBM, denominado Lucifer. O DES tornou-se uma norma em 1974 [TropSoft]. Desde essa altura, foram registados muitos ataques e métodos que exploram as fraquezas do DES, o que o tornou uma cifra de bloco insegura.

1.11.2 Triplo DES:-

Como melhoria do DES, foi proposta a norma de cifragem3DES (Triple DES). Nesta norma, o método de cifragem é semelhante ao do DES original, mas aplicado 3 vezes para aumentar o nível de cifragem. Mas é sabido que o 3DES é mais lento do que outros métodos de cifra de bloco.

1.11.3 AES:-

Advanced Encryption Standard, é a nova norma de encriptação recomendada pelo NIST para substituir o DES. O algoritmo Rijndael (pronuncia-se Rain Doll) foi selecionado em 1997 após um concurso para selecionar a melhor norma de encriptação. O ataque de força bruta é o único ataque eficaz conhecido contra ele, no qual o atacante tenta testar todas as combinações de caracteres para desbloquear a encriptação. Tanto o AES como o DES são cifras de bloco

CAPÍTULO 2 FPGA (FIELD PROGRAMMABLE GATE ARRAY)

Os FPGAs (Field-Programmable Gate Arrays) são PLDs que podem ser interligados apenas a algumas células vizinhas. Um FPGA típico pode ter 100 células, cada uma com apenas 8 entradas e 2 saídas. A saída de cada célula pode ser programada para ser uma função arbitrária das suas entradas. Os FPGAs têm normalmente um grande número (>64) de pinos de ligação. As arquitecturas FPGA variam em termos da complexidade das suas células individuais (as células simples são de "granulação fina" e as células complexas são de "granulação grossa") e da flexibilidade das interligações entre células ("recursos de encaminhamento").

As células simples são organizadas como simples tabelas de consulta (LUT) do tipo ROM, enquanto as células mais complexas, como os CLBs (Configurable Logic Blocks) da Xilinx, podem incluir lógica mais especializada, como geradores de look-head de transporte para somadores de alta velocidade, e podem incluir vários níveis de lógica dentro da célula.

2.1 Definições de terminologia relevante

A terminologia mais importante utilizada no presente documento é definida de seguida.

Dispositivo programável em campo (FPD) - termo geral que se refere a qualquer tipo de circuito integrado utilizado para a implementação de hardware digital, em que o chip pode ser controlado pelo utilizador final para realizar diferentes concepções. A programação de um dispositivo deste tipo envolve frequentemente a colocação do chip numa unidade de programação especial, mas alguns chips podem também ser conectados "in-system". Outro nome para os FPDs é dispositivos lógicos programáveis (PLDs); embora os PLDs englobem os mesmos tipos de chips que os FPDs, o termo FPD é preferível porque historicamente a palavra PLD tem-se referido a tipos relativamente simples de dispositivos.

PLA - uma matriz lógica programável (PLA) é um FPD relativamente pequeno que contém dois níveis de lógica, um plano AND e um plano OR, em que ambos os níveis são programáveis (nota: embora as estruturas PLA sejam por vezes incorporadas em chips totalmente personalizados, apenas as PLA são fornecidas como circuitos integrados separados e são programáveis pelo utilizador).

PAL- Uma lógica de matriz programável (PAL) é um FPD relativamente pequeno que tem um plano AND programável seguido de um plano OR fixo

SPLD - Refere-se a qualquer tipo de PLD simples, geralmente um PLA ou PAL

CPLD - Um PLD mais complexo que consiste num arranjo de múltiplos blocos do tipo SPLD numa única pastilha. Nomes alternativos (que não serão utilizados neste documento) por vezes adoptados para este estilo de chip são Enhanced PLD (EPLD), Super PAL, Mega PAL, e outros.

FPGA - Field-Programmable Gate Array é um FPD com uma estrutura geral que permite uma capacidade lógica muito elevada. Enquanto os CPLDs apresentam recursos lógicos com um grande número de entradas (planos AND), os FPGAs oferecem recursos lógicos mais estreitos. As FPGA oferecem também um rácio mais elevado de flip-flops em relação aos recursos lógicos do que as CPLD.

HCPLDs - PLDs de alta capacidade: um único acrónimo que se refere tanto a CPLDs como a FPGAs. Este termo foi cunhado na literatura comercial para fornecer uma maneira fácil de se referir a ambos os tipos de dispositivos.

2.2 FPGA (Field Programmable Gate Array):-.

Os FPGAs são chips lógicos digitais programáveis. Os projectos podem ser executados muito mais rapidamente do que se o projeto utilizar uma placa com componentes discretos,

Uma vez que tudo corre dentro da FPGA, no seu molde de silício. As FPGAs perdem a sua funcionalidade quando a energia é desligada (como a RAM num computador que perde o seu conteúdo). Para continuar a utilizá-los, é necessário voltar a descarregá-los quando a energia voltar para restaurar a funcionalidade.

2.3 Programador FPGA:-

A Xilinx é o maior nome no mundo dos FPGA. Tende a ser a líder em densidade e tecnologia. A Altera é o segundo peso-pesado dos FPGA, sendo também um nome bem conhecido. A Lattice, a Actel e a Quicklogic são muito mais pequenas e são os "criadores de chips especializados".

Xilinx:-

A Xilinx tem sido tradicionalmente o líder em tecnologia de silício. A filosofia geral da Xilinx é fornecer todas as funcionalidades possíveis, à custa de uma complexidade acrescida. Dispositivos maiores e mais flexíveis (repletos de funcionalidades). Arquitetura complexa, dispositivos potentes.

Altera: -

A filosofia da Altera é fornecer as caraterísticas que a maioria das pessoas deseja, mantendo os seus dispositivos fáceis de utilizar, com uma arquitetura eficiente e dispositivos potentes. Lattice, Actel e Quicklogic são empresas com produtos especializados. A Lattice, mais conhecida pelos seus CPLD, tem também uma família de FPGA "instant-on". A Actel e a QuickLogic têm produtos antifuso (programáveis apenas uma vez).

> Os FPGAs são dispositivos de "grão fino". Isto significa que contêm uma grande quantidade (até 100000) de pequenos blocos de lógica com flip-flops. Os CPLD são dispositivos de "grão grosso".

> Contêm relativamente poucos (algumas centenas, no máximo) grandes blocos de lógica com flip-flops.

> As FPGAs são baseadas em RAM. Precisam de ser "descarregados" em cada arranque. Os CPLD são baseados em EEPROM[. Estão activos quando são ligados (ou seja, desde que tenham sido programados pelo menos uma vez).

> Os CPLDs têm tempos de entrada-saída mais rápidos do que os FPGAs (devido à sua arquitetura de grão grosso, um bloco de lógica pode conter uma grande equação), pelo que são mais adequados para a lógica de descodificação de microprocessadores, por exemplo, do que os FPGAs.

> As FPGAs têm recursos especiais de encaminhamento para implementar eficientemente contadores binários e funções aritméticas (somadores, comparadores...) e RAM. Os CPLD não o fazem. As FPGAs podem conter desenhos digitais muito grandes, enquanto as CPLDs podem conter apenas desenhos pequenos

> Microcontroladores baseados na arquitetura da CPU. Como todas as CPUs, executam instruções de forma sequencial. As FPGAs são lógicas programáveis e funcionam de forma paralela.

> Os microcontroladores têm periféricos no chip que também são executados em paralelo com a CPU. Mas continuam a ser muito menos configuráveis do que a lógica programável.

> O microcontrolador depende de técnicas de codificação de programação que não envolvem a ideia de síntese ao nível da porta e não tem facilidade de reconfiguração durante a programação em ambiente de hardware

2.4 Caraterísticas do FPGA

Em comparação com o processador DSP, a programação de um DSP é semelhante à programação de qualquer outro tipo de microcontrolador, exceto que foi concebido tendo em mente o processamento de sinais. Como tal, é concebido com multiplicadores e pipelines adicionais para permitir um processamento de sinais mais rápido. Também vêm (alguns vêm) com bibliotecas de software para implementar funções de processamento de sinais testadas, como a transformada de Fourier e a convolução.

Uma FPGA é exatamente o que o nome sugere: uma matriz de portas programáveis. A implementação do programa é feita como uma peça de hardware. O FPGA implementa tabelas de consulta e, como tal, é bom para fazer lógica complexa muito rapidamente. Utilizando linguagens como VHDL e Verilog, é possível criar estruturas lógicas complexas. Existem muitos núcleos FPGA pré-escritos que permitem a implementação de processadores, multiplicadores, conversores de vídeo/áudio e protocolos de rede. Assim, uma FPGA é extremamente flexível. Para sistemas complexos, uma FPGA é uma plataforma eletrónica muito utilizada.

Reprogramar uma FPGA para tarefas de processamento de sinais não é tão fácil como para um DSP. Para isso, é necessário desenvolver um núcleo FPGA semelhante ao de um DSP, mas isso exigiria um grande esforço, que depende da complexidade do algoritmo e do tempo de desenvolvimento. Na FPGA, há uma programação das portas lógicas no interior da FPGA. Uma vez que os processos da FPGA foram diretamente modificados, esta executará as tarefas muito mais rapidamente do que os microcontroladores. Os microcontroladores são muito mais baratos, uma vez que a maior parte deles só pode ser programada uma vez (o que torna os materiais utilizados no seu fabrico muito mais baratos). Os FPGA são mais caros, mas podem funcionar a velocidades muito elevadas, o que os torna ideais para tarefas de alta frequência e podem ser reprogramados de acordo com a complexidade da aplicação.

2.5 Aplicações de FPGAs:-

> Os FPGAs ganharam rápida aceitação e crescimento na última década porque podem ser aplicados a uma vasta gama de aplicações. Uma lista de aplicações

típicas inclui a lógica aleatória.

> A FPGA implica a integração de vários SPLD$_5$ controladores de dispositivos, codificação e filtragem de comunicações, sistemas de pequena e média dimensão com blocos SRAM, etc.

> Outras aplicações interessantes das FPGAs são a prototipagem de projectos que serão posteriormente implementados em matrizes de portas e também a emulação de sistemas de hardware de grandes dimensões. A primeira destas aplicações pode ser possível utilizando apenas uma única FPGA grande (que corresponde a uma pequena Gate Array em termos de capacidade).

> Para a emulação de hardware, o Quick Turn [Wolff90] (e outros) desenvolveu produtos que incluem muitos FPGAs e o software necessário para particionar e mapear circuitos.

> Outra área promissora para a aplicação de FPGA, que está apenas a começar a ser desenvolvida, é a utilização de FPGAs como máquinas de computação personalizadas. Isto implica utilizar as partes programáveis para "executar" software, em vez de compilar o software para execução numa CPU normal.

> quando os projectos são mapeados para CPLDs, partes do projeto são frequentemente mapeadas naturalmente para os blocos semelhantes a SPLDs.

> Os desenhos mapeados para uma FPGA são divididos em partes do tamanho de blocos lógicos e distribuídos por uma área da FPGA.

> Dependendo da estrutura de interconexão da FPGA, pode haver vários atrasos associados às interconexões entre esses blocos lógicos.

> A FPGA pode ser utilizada para comunicação polivalente e multimodo, suporta comunicação com Wifi, GSM e também em série utilizando JTAG e carregador de bitmap.

> A FPGA utiliza a síntese RTL de hardware, que pode ser útil para identificar os componentes de hardware e a utilização da sua área de acordo com a aplicação

> A versão superior dos dispositivos FPGA suporta aplicações sem fios e relacionadas com o processamento de imagens, devido à sua natureza reconfigurável, é amplamente utilizada em chipsets e sistemas de processadores multi-núcleo.

2.6 Dispositivo Xilinx SPARTAN:-

O dispositivo XC3S1400AN-4FGG676C é um membro da família Spartan-3AN de FPGAs. O Spartan-3AN proporciona uma solução de baixo custo e elevada densidade para aplicações como as destinadas à indústria eletrónica de consumo. Toda a família Spartan-3AN inclui cinco dispositivos que oferecem densidades que variam de 50.000 a 1.400.000 portas. O XC3S1400AN- 4FGG676C oferece 1,4 milhões de portas, como mostra a Tabela 2.1

Tabela 2.1. Parâmetros de projeto do XC3S1400AN

Caraterísticas	Descrição
Nome do dispositivo	XC3S1400AN-4FGG676C
Vendedor	Xilinx
Família	Spartan-3AN
Embalagem	Matriz de grelha de esferas de passo fino de 676 esferas
Grau de velocidade	Padrão
Grau de temperatura	Comercial
Contagem de pinos	676
Utilizador máximo	502 (inclui um máximo de 94 pinos só de entrada)

Pinos de E/S	
Portas do sistema	1,400,000
Células lógicas Xilinx	25,344
Matriz CLB	2.816 CLBs (72 linhas por 40 colunas). (1 CLB = 4 fatias, o que dá 11.264 fatias).

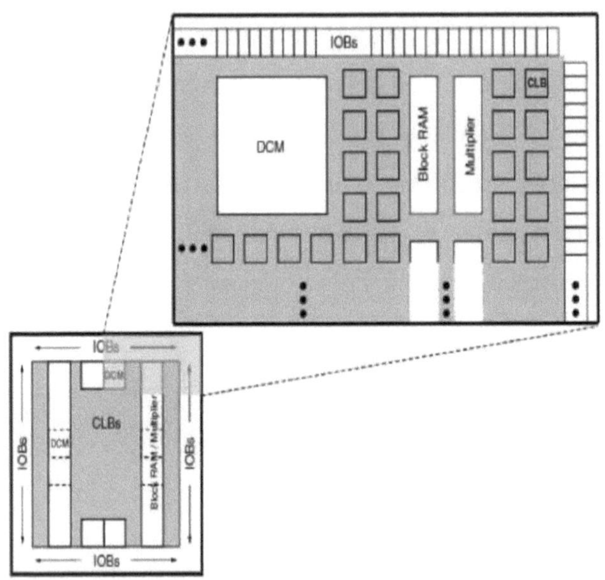

Fig. 2.1. Arquitetura da famíliaSPARTAN-AN

A arquitetura da FPGA Spartan-3AN é compatível com a da FPGA Spartan-3A. A arquitetura consiste em cinco elementos funcionais fundamentais programáveis, como se mostra na Figura 2.1:

> **Blocos lógicos configuráveis (CLB):** - contêm tabelas de pesquisa (LUT) flexíveis que implementam elementos lógicos e de armazenamento utilizados como flip-flops ou latches.

> **Blocos de entrada/saída (IOBs):** controlam o fluxo de dados entre os pinos de E/S e a lógica interna do dispositivo. Os IOBs suportam o fluxo de dados bidirecional e o funcionamento em 3 estados. Suportam uma variedade de padrões de sinal, incluindo vários padrões diferenciais de alto desempenho. Estão incluídos registos Double DataRate (DDR).

> **RAM de bloco: -** Fornece armazenamento de dados sob a forma de blocos de porta dupla de 18 Kbit.

> **Blocos multiplicadores: -** Aceita dois números binários de 18 bits como entradas e calcula o produto.

> **Digital Clock Manager (DCM):-** Estes blocos fornecem soluções totalmente digitais e auto-calibradas para distribuir, atrasar, multiplicar, dividir e deslocar a fase dos sinais de relógio.

Estes elementos estão organizados como se mostra na figura. Um anel duplo de IOBs escalonados rodeia uma matriz regular de CLBs. Cada dispositivo tem duas colunas de blocos de RAM, exceto o XC3S50AN, que tem uma coluna. Cada coluna de RAM consiste em vários blocos de RAM de 18 Kbit. Cada bloco de RAM está associado a um multiplicador dedicado. Os DCMs estão posicionados no centro, com dois na parte superior e dois na parte inferior do dispositivo. O XC3S50AN tem DCMs apenas na parte superior, enquanto o XC3S700AN e o XC3S1400AN adicionam dois DCMs no meio das duas colunas de blocos de RAM e multiplicadores. A FPGA Spartan-3AN possui uma rica rede de traços que interconectam todos os cinco elementos funcionais, transmitindo sinais entre eles. Cada elemento funcional tem uma matriz de comutação associada que permite múltiplas ligações ao encaminhamento.

2.7 VHDL:-

VHDL significa Linguagem de Descrição de Hardware VHSIC (Circuitos

Integrados de Velocidade Muito Elevada). Em meados da década de 1980, o Departamento de Defesa dos EUA e o IEEE patrocinaram o desenvolvimento desta linguagem de descrição de hardware com o objetivo de desenvolver circuitos integrados de alta velocidade. Tornou-se atualmente uma das linguagens padrão da indústria utilizada para descrever sistemas digitais. A outra linguagem de descrição de hardware amplamente utilizada é a Verilog. Ambas são linguagens poderosas que permitem descrever e simular sistemas digitais complexos. Uma terceira linguagem HDL é a ABEL (Advanced Boolean Equation Language), especificamente concebida para dispositivos lógicos programáveis (PLD). A ABEL é menos poderosa do que as outras duas linguagens e é menos popular na indústria.

2.8 Níveis de representação e abstração

Um sistema digital representado em diferentes níveis de abstração. Isto permite gerir a descrição e a conceção de sistemas complexos. O nível mais elevado de abstração é o nível comportamental, que descreve um sistema em termos do que faz (ou como se comporta) e não em termos dos seus componentes e da interligação entre eles. Uma descrição comportamental especifica a relação entre os sinais de entrada e de saída. Pode ser uma expressão booleana ou uma descrição mais abstrata, como a transferência de registos ou o nível algorítmico.

O nível estrutural, por outro lado, descreve um sistema como uma coleção de portas e componentes que se interligam para executar uma função desejada. Uma descrição estrutural pode ser comparada a um esquema de portas lógicas interligadas. É uma representação que está normalmente mais próxima da realização física de um sistema. O VHDL permite descrever um sistema digital a nível estrutural ou comportamental. O nível comportamental pode ainda ser dividido em dois tipos de estilos: Fluxo de dados e Algorítmico. A representação do fluxo de dados descreve a forma como os dados se deslocam através do sistema. Normalmente, isto é feito em termos de fluxo de dados entre registos (nível de transferência de registos). O modelo de fluxo de dados utiliza instruções concorrentes que são executadas em paralelo assim que os dados chegam à entrada. Por outro lado, as instruções sequenciais são executadas na sequência em que são especificadas. O VHDL permite a atribuição de sinais concorrentes e sequenciais que determinam a forma como são executados.

2.9 Estrutura básica de um ficheiro VHDL:-

Um sistema digital em VHDL consiste numa entidade de projeto que pode conter outras entidades que são então consideradas componentes da entidade de nível superior. Uma declaração de entidade e um corpo de arquitetura modelam cada entidade. Pode considerar-se a declaração da entidade como a interface para o mundo exterior que define os sinais de entrada e saída, enquanto o corpo da arquitetura contém a descrição da entidade e é composto por entidades, processos e componentes interligados, todos a funcionar em simultâneo. Num projeto típico, haverá muitas entidades deste tipo ligadas entre si para desempenhar a função desejada.

VHDL utiliza palavras-chave reservadas que não podem ser utilizadas como nomes ou identificadores de sinais. As palavras-chave e os identificadores definidos pelo utilizador não diferenciam maiúsculas de minúsculas. As linhas com comentários começam com dois hífens adjacentes (--) e serão ignoradas pelo compilador. VHDL também ignora quebras de linha e espaços extras. VHDL é uma linguagem fortemente tipada, o que implica que é sempre necessário declarar o tipo de cada objeto que pode ter um valor, como sinais, constantes e variáveis.

CAPÍTULO 3 NORMA AVANÇADA DE CIFRAGEM (AES)

3.1 Visão geral da segurança: -

Este capítulo é um resumo da publicação 197 do Federal Information Processing Standards (FIPS), emitida pelo National Institute of Standards and Technology (NIST), que especifica a Norma de Encriptação Avançada. Ao longo do resto deste capítulo, as propriedades matemáticas da Norma de Encriptação Avançada (AES) são introduzidas utilizando as informações obtidas a partir da especificação AES. O AES é um subconjunto de um algoritmo de encriptação muito maior conhecido como Rijndael, que foi uma das muitas propostas apresentadas ao NIST para se tornar um algoritmo de encriptação padrão. Em outubro de 2000, o NIST anunciou o algoritmo Rijndael como o vencedor devido à melhor pontuação global em termos de segurança, desempenho, eficiência, capacidade de implementação e simplicidade.

O algoritmo AES é uma cifra simétrica. Nas cifras simétricas, é utilizada uma única chave secreta tanto para a encriptação como para a desencriptação, ao passo que nas cifras assimétricas existem dois conjuntos de chaves, conhecidos como chaves privada e pública. O texto simples é encriptado utilizando a chave pública e só pode ser desencriptado utilizando a chave privada.

3.2 Introdução ao algoritmo AES :-

É uma cifra de bloco, uma vez que funciona com grupos de bits de comprimento fixo (blocos), ao passo que nas cifras de fluxo, os bits de texto simples são encriptados um de cada vez e o conjunto de transformações aplicadas a bits sucessivos pode variar durante o processo de encriptação. O algoritmo AES opera em blocos de 128 bits, utilizando chaves de cifra com comprimentos de 128, 192 ou 256 bits para o processo de cifragem. Embora o algoritmo de cifragem Rijndael original fosse capaz de processar blocos de diferentes tamanhos, bem como utilizar vários outros comprimentos de chaves de cifra, o NIST não adoptou estas caraterísticas adicionais no AES. Entradas, saídas e o estado. A entrada de texto simples e a saída de texto cifrado para os algoritmos AES são blocos de 128 bits.

A entrada da chave de cifra é uma sequência de 128, 192 ou 256 bits. Por outras palavras, o comprimento da chave de cifra, Nk, é de 4, 6 ou 8 palavras que representam o número de colunas na chave de cifra. O algoritmo AES é classificado em três versões com base no comprimento da chave de cifra. O número de rondas de encriptação para cada versão do AES depende do tamanho da chave de cifra.

No algoritmo AES, o número de rondas é representado por Nr,

Onde Nr = 10 quando Nk = 4, Nr= 12 quando Nk = 6, e Nr = 14 quando Nk = 8 [13]. A tabela 3.1 seguinte ilustra as variações do algoritmo AES. Para o algoritmo AES, o tamanho do bloco (Nb), que representa o número de colunas que compõem o Estado, é Nb = 4.

Quadro 3.1 Proporção do tamanho da ronda AES

Versão AES	Comprimento da chave (Nk palavras)	Tamanho do bloco (Nb palavras)	Número de rondas (Nr rondas)
AES128	4	4	10
AES192	6	4	12
AES256	8	4	14

A unidade básica de processamento do algoritmo AES é um byte. Consequentemente, o texto simples, o texto cifrado e a chave de cifra são organizados e processados como matrizes de bytes [23][5]. Para uma entrada, uma saída ou uma chave de cifra denotada por a, os bytes na matriz resultante são referenciados como an , onde n está num dos seguintes intervalos:

Comprimento do bloco = 128 bits, 0<=n< 16

Comprimento da chave =128 bits, 0<=n< 16

Comprimento da chave =192 bits, 0<=n<24

Comprimento da chave = 256 bits, 0<=n<24

Todos os valores de bytes no algoritmo AES são apresentados como a concatenação dos seus valores de bits individuais entre parênteses na ordem {b7, b6, b5, b4, b3, b2, bl, b0}. Estes bytes são interpretados como elementos de campo finito utilizando uma representação polinomial:

$$b_7x^7 + b_6x^6 + b_5x^5 + b_4x^4 + b_3x^3 + b_2x \ + b_1x \ + b_0x \ = \sum_{i=0}^{7} b_i x^i$$

Por exemplo, {10001001} (ou {85} em hexadecimal) identifica o polinómio $x^7 + x^3 +1$. As matrizes de bytes no algoritmo AES são representadas por a a_{01} a_2 ...an.

Todas as operações do algoritmo AES são efectuadas numa matriz bidimensional 4x4 de bytes que é designada por Estado, e qualquer byte individual dentro do Estado é referido como "s", em que a letra "r" representa a linha e a letra "c" a coluna. No início do processo de cifragem, o Estado é preenchido com o texto simples. Em seguida, a cifra efectua um conjunto de substituições e permutações no Estado. Após a realização das operações de cifra no Estado, o valor final do Estado é copiado para a saída do texto cifrado, como se mostra na Figura 3.1,

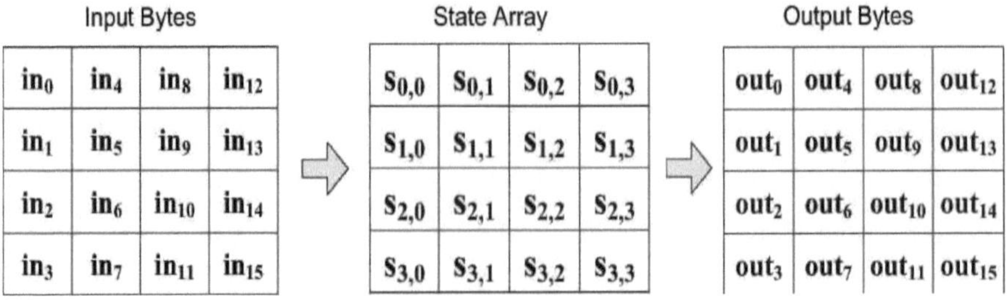

Input Bytes

in_0	in_4	in_8	in_{12}
in_1	in_5	in_9	in_{13}
in_2	in_6	in_{10}	in_{14}
in_3	in_7	in_{11}	in_{15}

State Array

$s_{0,0}$	$s_{0,1}$	$s_{0,2}$	$s_{0,3}$
$s_{1,0}$	$s_{1,1}$	$s_{1,2}$	$s_{1,3}$
$s_{2,0}$	$s_{2,1}$	$s_{2,2}$	$s_{2,3}$
$s_{3,0}$	$s_{3,1}$	$s_{3,2}$	$s_{3,3}$

Output Bytes

out_0	out_4	out_8	out_{12}
out_1	out_5	out_9	out_{13}
out_2	out_6	out_{10}	out_{14}
out_3	out_7	out_{11}	out_{15}

Fig. 3.1. Estrutura do estado do AES

3.3 Transformações de cifra:-

A cifra AES opera em bytes individuais do Estado ou numa linha/coluna inteira. No início da cifra, a entrada é copiada para o Estado e, em seguida, é efectuada uma adição inicial de chave de ronda no Estado. Chaves redondas derivadas da chave de cifra usando a rotina de Expansão de Chave.

A rotina de expansão de chaves gera uma série de chaves de ronda para cada ronda de transformações efectuadas no Estado. As transformações efectuadas no estado são semelhantes em todas as versões AES, mas o número de rondas de transformação depende do comprimento da chave de cifra. A ronda final em todas as versões AES difere ligeiramente das primeiras Nr (1) rondas, uma vez que tem menos uma transformação efectuada no Estado. Cada ronda da cifra AES (exceto a última) consiste em todas as seguintes transformações.

A cifra AES é descrita sob a forma de pseudocódigo em Como mostra o pseudocódigo, todas as rondas Nr são idênticas, com exceção da ronda final, que não inclui a transformação Mix Columns. O diagrama de fluxo de dados do algoritmo AES é apresentado na Figura 3.2,

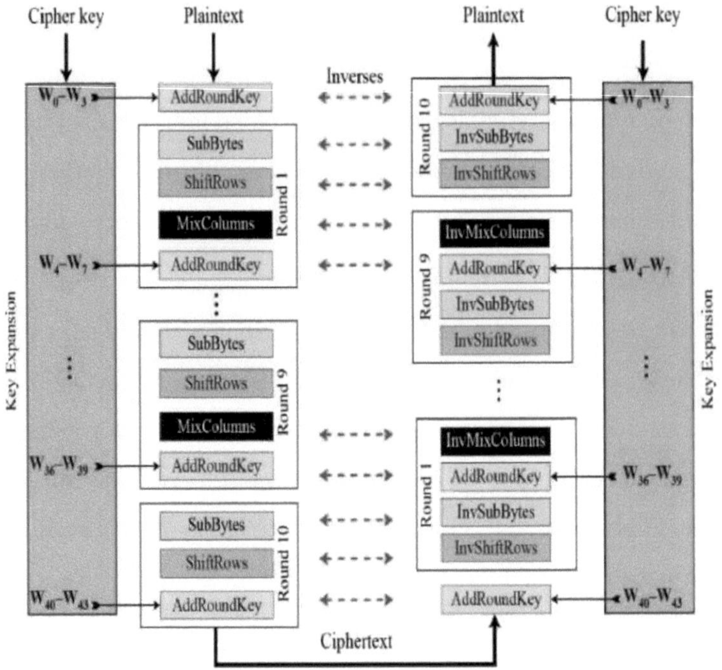

Fig. 3.2 . Fluxo de dados no algoritmo AES

O conjunto w [] representa as chaves de ronda que são geradas pela rotina de expansão de chaves. Nas secções seguintes, são descritas as transformações individuais que são utilizadas em cada ronda de encriptação.

```
Cipher(byte PlainText[4*Nb], byte CipherText[4*Nb],
word w[Nb*(Nr+1)])

begin

  byte state[4,Nb]

  state = in

  AddRoundKey(state, w[0, Nb-1])

  for round = 1 step 1 to Nr–1

    SubBytes(state)

    ShiftRows(state)

    MixColumns(state)

    AddRoundKey(state, w[round*Nb, (round+1)*Nb-1])

  end for

SubBytes(state)

ShiftRows(state)

AddRoundKey(state, w[Nr*Nb, (Nr+1)*Nb-1])
```

```
out = state

end
```

Por outras palavras, numa cifra com uma boa difusão, uma alteração de um único bit no texto simples alterará completamente o texto cifrado de uma forma imprevisível. Cada chave de ronda consiste em Nb palavras que são geradas a partir da rotina de expansão de chaves.

3.3.15 ubBytes ( ) Transformação:-

O SubBytes é uma operação de substituição de bytes efectuada em bytes individuais do Estado, como mostra a Figura , utilizando uma tabela de substituição chamada S-box, como mostra a Figura 3.3

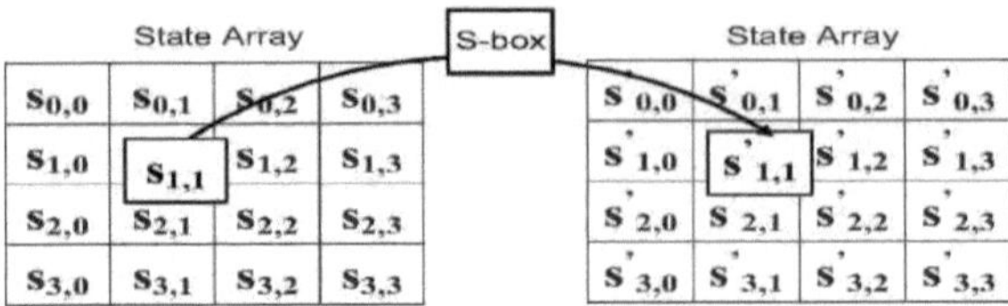

Fig. 3.3 Transformação S-BOX

A tabela S-box mostrada na Tabela é construída efectuando as duas transformações descritas anteriormente para todos os valores possíveis de um byte, que vão de {00} a {ff}. Por exemplo, o valor de substituição para {53} seria determinado pela intersecção da linha com o índice '5' e a coluna com o índice '3'.

3.3.16ShiftRows ( ) Transformação:-

A transformação ShiftRows desloca ciclicamente as últimas três linhas do estado por diferentes desvios. A primeira linha é deixada inalterada nesta transformação. Cada byte da segunda linha é deslocado uma posição para a esquerda. A terceira e a quarta linhas são deslocadas para a esquerda em duas e três posições, respetivamente. A transformação ShiftRows é ilustrada na Figura 3.4,

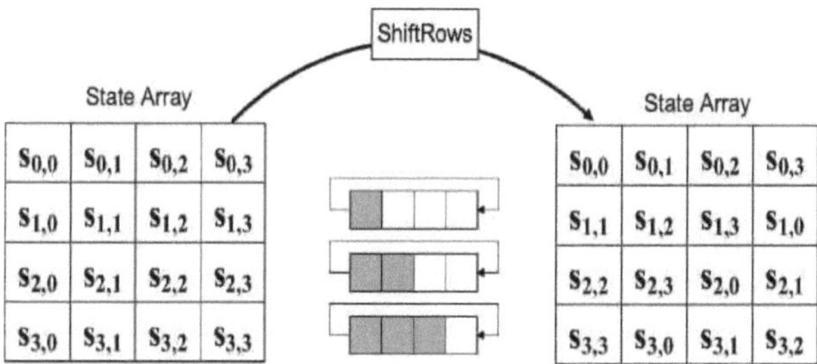

Fig.3.4. Transformação SHIFT -ROW

3.3.17MixColumns ( ) Transformação:-

Esta transformação opera sobre as colunas do Estado, tratando cada coluna como um polinómio de quatro termos do campo finito GF(28). A transformação Mix Columns pode ser expressa como uma multiplicação de matrizes, como mostrado abaixo na Figura 3.5: A transformação Mix Columns substitui os quatro bytes da coluna processada pelos seguintes valores: A transformação Mix Columns é ilustrada em Esta transformação, juntamente com Shift Rows, proporciona uma difusão substancial na cifra, o que significa que o resultado da cifra depende das entradas da cifra de uma forma muito complexa.

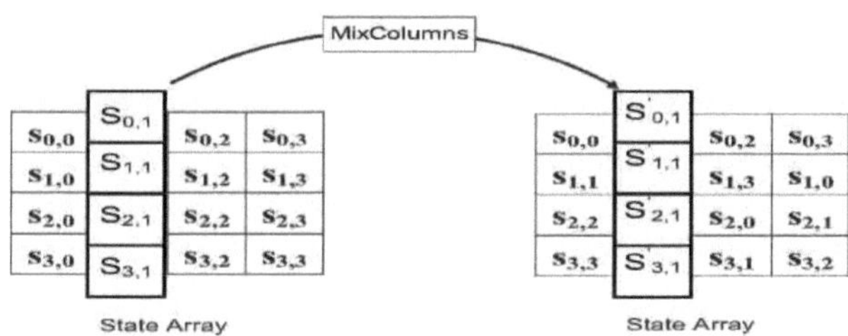

Fig. 3.5. Transformação MIX-COLUMN

3.3.4 Adicionar chave redonda ( ) Transformação:-

Durante a transformação Add Round Key, os valores da chave de ronda são adicionados ao estado através de uma operação simples de Exclusive Or (XOR). Os valores da chave de ronda são adicionados às colunas do estado da seguinte forma: na equação, o valor da ronda está compreendido entre O e N, quando ronda = O, a própria chave de cifra é utilizada como chave de ronda e corresponde à transformação inicial AddRoundKey mostrada na Figura 3.6,

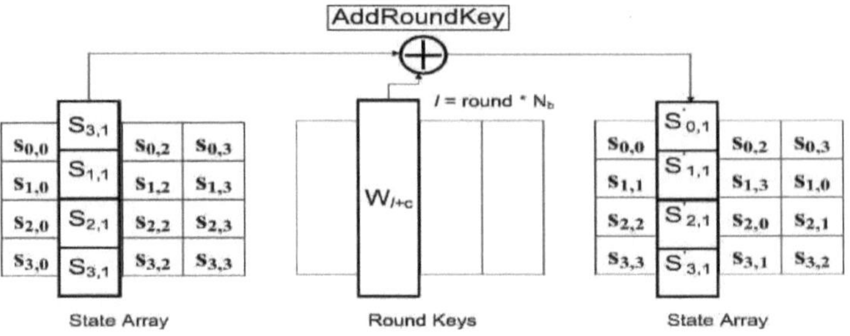

Fig 3.6. Transformação ADD ROUND KEY

3.3.19Expansão de chaves AES:-

O algoritmo AES requer quatro palavras de chaves de ronda para cada ronda de encriptação. Isto é, um total de 4*(Nr + 1) chaves de ronda, considerando o conjunto inicial de chaves necessário para a primeira transformação Adicionar chave de ronda. Todas as chaves de ronda derivam da própria chave de cifra. De acordo com a publicação 197 da Federal Information Processing Standards (FIPS), não há restrições quanto à seleção da chave de cifra, uma vez que não foi identificada uma chave de cifra semanal para o algoritmo AES. O algoritmo KeyExpansion, tal como é mostrado no pseudo-código, efectua a expansão da chave de cifra para as chaves de ronda.

```
KeyExpansion(byte CipherKey[4*Nk], word
w[Nb*(Nr+1)], Nk)
begin
word temp
i = 0
while (i < Nk)
w[i] = word(key[4*i], key[4*i+1], key[4*i+2],
key[4*i+3])
i = i+1
end while
i = Nk
while (i < Nb * (Nr+1)]
temp = w[i-1]
if (i mod Nk = 0)
temp = SubWord(RotWord(temp)) xor Rcon[i/Nk]
else if (Nk > 6 and i mod Nk = 4)
temp = SubWord(temp)
end if
w[i] = w[i-Nk] xor temp
i = i + 1
```

```
end while
end
```

No pseudocódigo acima, a matriz w[ ] representa as chaves de ronda que são geradas pela rotina Key Expansion e Nk representa o tamanho da chave de cifra. Dependendo da versão do algoritmo AES, Nk=4, 6 ou 8. As primeiras Nk palavras da chave expandida são preenchidas com a chave de cifra. A função

SubWord( ) aplica a mesma substituição S-box a cada um dos quatro bytes da palavra. A função RotWord( ) recebe uma palavra [aθ,al,a2,a3] como entrada, efectua uma deslocação cíclica e devolve a palavra [al,a2,a3,aθ]. Cada chave da ronda seguinte, w[i], é igual ao XOR da chave da ronda anterior, w[i-l], e a palavra Nk posições antes, w[i-Nk]. Para palavras em posições que são um múltiplo de Nk, duas transformações são inicialmente aplicadas à chave da ronda anterior,

CAPÍTULO 4 CONCEPÇÃO DO MODELO DE SOFTWARE AES

4.1 Modelo de software AES:-

Neste capítulo, é apresentado um modelo de software para a implementação do algoritmo AES128. O modelo é implementado utilizando a linguagem VHDL. O modelo desenvolvido neste capítulo é sintetizável. Isto significa que o modelo fornece uma descrição RTL ciclo a ciclo do circuito que uma ferramenta de síntese lógica pode converter numa simulação optimizada. Todos os módulos na hierarquia do projeto foram modelados em estilo comportamental, mas o módulo raiz consistiu em modelagem de fluxo de dados também para implementar as quatro principais transformações de cifra.

4.2 Hierarquia do projeto:-O modelo de software AES128 proposto é um projeto hierárquico a vários níveis, sendo o módulo raiz da hierarquia o mini_aes, que é o módulo de topo, como se mostra na Figura 4.1,

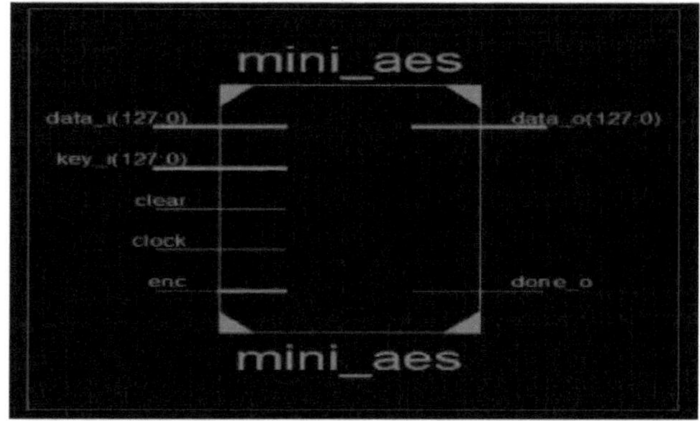

Fig. 4.1.RTL do módulo superiorMINI-AES

Um dos principais objectivos deste modelo era desenvolver um modelo sintetizável para o algoritmo de encriptação AES128. A síntese é o processo de conversão da representação do nível de transferência de registo (RTL) de um projeto numa lista de rede optimizada de nível de porta. Este é um passo importante no fluxo de design ASIC que aproxima um modelo RTL de uma implementação de hardware de baixo nível. Este módulo implementa o pseudocódigo AES128. Tem duas entradas de 128 bits para receber a chave de cifra e o texto simples. Existe também um sinal de entrada de um bit, 'enc', que é utilizado para indicar a disponibilidade de encriptação ou desencriptação.

4.3 Síntese Etapas de transformação

Consiste em três etapas principais. A primeira etapa é a "Tradução", que envolve a conversão da descrição RTL de um projeto numa representação intermédia não optimizada que é utilizada pela ferramenta de síntese. O segundo passo é a "otimização lógica", que optimiza a representação interna através da remoção de lógica redundante e da realização de optimizações de lógica booleana. O terceiro passo é denominado "mapeamento e otimização da tecnologia", que mapeia a representação interna para uma representação optimizada ao nível da porta utilizando as células da biblioteca tecnológica com base nas restrições do projeto. O script gera vários relatórios sobre o resultado da síntese, incluindo estimativas de área.

4.4 Metodologia de síntese:- O modelo RTL utiliza um pacote VHDL do sistema denominado "xtime_pkg", pelo que a ferramenta de síntese tem de ativar a semântica de um pacote.

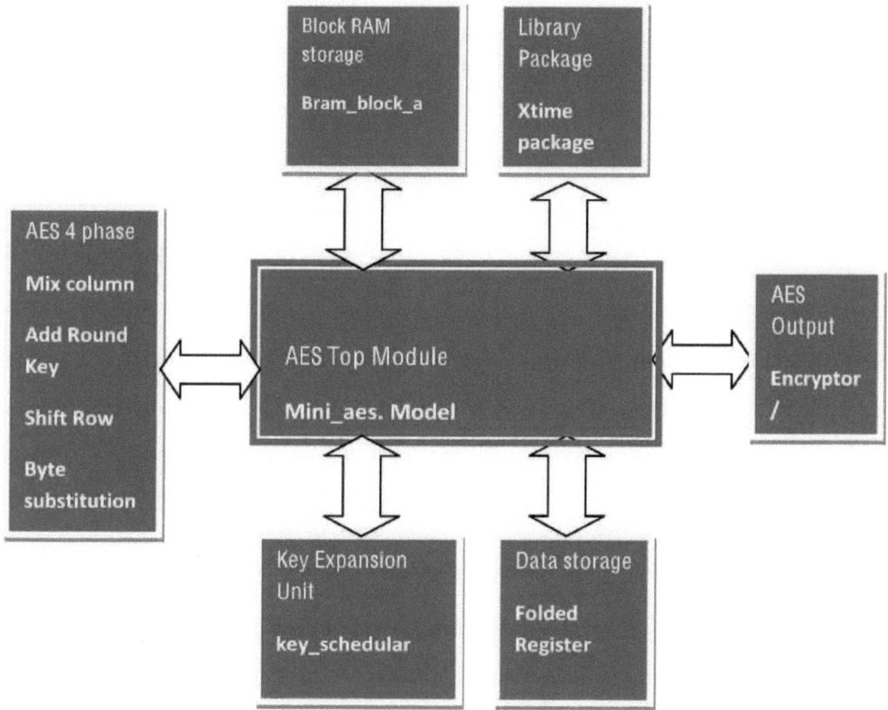

Fig.4.2 Arquitetura para a conceção do AES

Após a leitura dos ficheiros de projeto, estes são "Analisados" e "Elaborados", através dos quais o código RTL é convertido para o formato interno do Synopsys Design Compiler. Os resultados intermédios são armazenados na "biblioteca de trabalho" definida. Existem 4 módulos de entidade envolvidos neste modelo, nomeadamente bram_block_a, folded_register, key_scheduler e mix_column. O Block ram é utilizado basicamente para armazenar 512 bytes de dados para encriptação e desencriptação.

A ferramenta de síntese é programada para não modificar a árvore de relógio durante a fase de otimização, como mostrado na Figura 4.2, Além disso, um atraso de entrada arbitrário em relação à porta de relógio é aplicado a todas as portas de entrada e saída (exceto a própria porta de relógio) para definir uma margem segura, considerando qualquer fonte não intencional de atraso, como o atraso associado à condução de módulos/módulos.Nas próximas etapas, a ferramenta é programada para considerar um design único para cada instância de célula, removendo a hierarquia instanciada multiplamente no design atual . Em seguida, o script de síntese remove os limites de todos os componentes na hierarquia de design e remove todos os níveis de hierarquia. Finalmente, a ferramenta compila o projeto com grande esforço e comunica qualquer aviso relacionado com o mapeamento e o passo de otimização final. No final, a ferramenta gera relatórios sobre a área da lista de rede optimizada ao nível da porta, o pior tempo do percurso combinacional e qualquer restrição de projeto violada.

4.5 Estratégia de sincronização da síntese:-

A ferramenta de síntese optimiza os percursos combinacionais de um projeto. Em geral, podem existir quatro tipos de trajectórias combinacionais em qualquer projeto:

Porta de entrada do projeto em teste para a entrada de um flip-flip interno

Saída de um flip-flip interno para a entrada de outro flip-flip

Saída de um flip-flip interno para a porta de saída do projeto em teste

Um caminho combinacional que liga as portas de entrada e de saída do projeto em teste

4.6 Estratégia de área de síntese:- O relatório de área de síntese mostra o número total de células e redes na lista de redes. Também utiliza o parâmetro de área associado a cada célula no ficheiro Mini AES Top para calcular a área combinacional e sequencial total da lista de redes.

4.7 Processo de encriptação AES128:-O processo de encriptação e desencriptação é idêntico ao do fluxo do algoritmo AES, com a única diferença de que todos os dados da S-Box são armazenados na RAM de bloco e de que é utilizado um registo dobrado no momento do armazenamento da saída de entrada para fins de otimização da área, como se mostra na Figura 4.3.

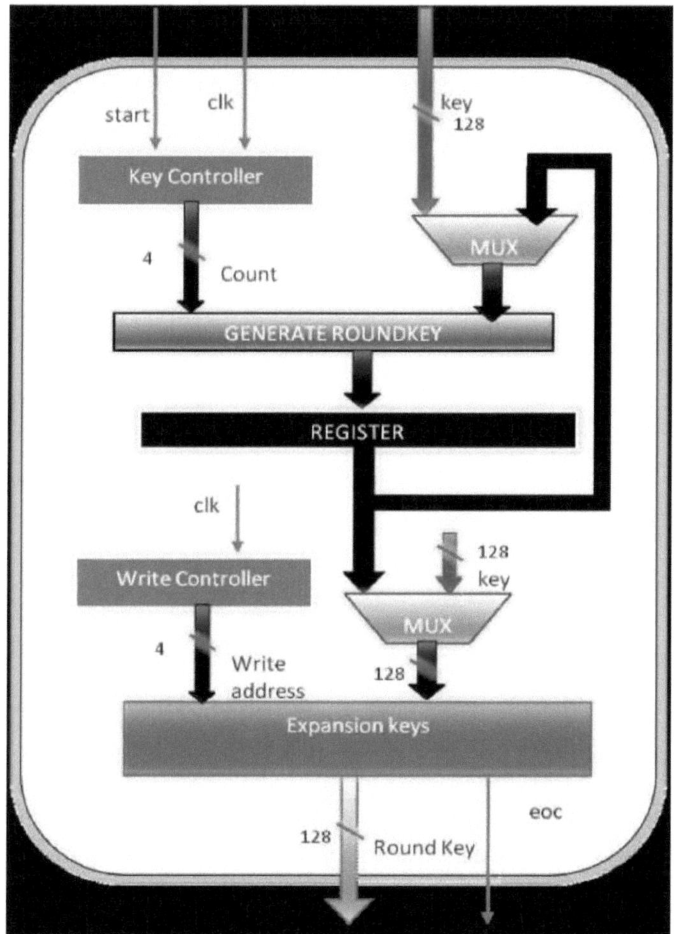

Fig. 4.3 Processo de encriptação AES

Enquanto o módulo Mini AES Top está a efetuar uma iteração das transformações de encriptação no Estado utilizando as chaves de ronda previamente geradas

```
byte state[4,Nb]
state = in
AddRoundKey(state, keySchedule[0, Nb-1])
for round = 1 step 1 to Nr–1
{
SubBytes(state)
ShiftRows(state)
MixColumns(state)
AddRoundKey(state)
keySchedule[round*Nb, (round+1)*Nb-1])
}
SubBytes(state)
ShiftRows(state)
AddRoundKey(state, keySchedule[Nr*Nb,
(Nr+1)*Nb-1])
out = state
```

No diagrama do módulo AES128_cipher_top . Existem dez rondas de transformações representadas pelos estados rl a r10. Expansão da chave - O algoritmo para gerar as 10 rondas da chave redonda é o seguinte: em pseudo-código, a 4ª coluna da chave i-1 é rodada de forma a que cada elemento seja movido uma linha para cima. Em seguida, este resultado é submetido a um algoritmo de subcaixa para a frente que substitui cada 8 bits da matriz.

Sub Bytes:- Nesta etapa de sub bytes, os dados do texto simples são substituídos por alguns valores predefinidos de uma caixa de substituição. A caixa de substituição normalmente utilizada é a caixa de substituição rinjdale. A caixa de substituição é invertível

Deslocação de linhas:-Na operação de deslocação de linhas, as linhas da matriz

4×4 são deslocadas para a esquerda r bits e r varia com as linhas da matriz (r=0 para a linha, r=1 para a linha2, r=2 para a linha3, r=3 para a linha 4).

Coluna mista:- A transformação de coluna mista opera no estado coluna a coluna, tratando cada coluna como um polinómio de quatro termos. Isto também pode ser escrito como uma multiplicação de matrizes

Adicionar chave de ronda:- Na etapa de adicionar chave de ronda, os dados de 128 bits são xorados com a subchave da ronda atual utilizando a operação de expansão de chave. A chave de adição de ronda é utilizada em dois locais diferentes, um durante o início, ou seja, quando a ronda r=0, e depois durante as outras rondas, ou seja, quando 1 ≤ ronda≤ Nr, em que Nr é o número máximo de rondas. A fórmula para efetuar a chave de adição de rondas é

S' (x) = S(x) xou R(x)

S' (x)- estado após a adição da chave de ronda

S(x) - estado antes de adicionar a chave de ronda

R(x) - chave de ronda

4.8 Processo de desencriptação AES128:-

A desencriptação dos dados que foram encriptados utilizando o AES é feita invertendo todas as operações de encriptação com a mesma chave com que foram encriptados, uma vez que o AES é uma norma de encriptação simétrica. No processo de desencriptação, a sequência das transformações é diferente da da encriptação, mas a expansão da chave para a encriptação e a desencriptação é a mesma.

No entanto, várias propriedades do algoritmo AES permitem uma desencriptação equivalente com a mesma sequência de transformações que a da encriptação mostrada na Figura 4.4, como se segue

Inverse Shift Rows:- A operação inverse shift rows inverte a operação shift row no processo de encriptação, deslocando para a direita os elementos das linhas.

Adicionar chave de ronda: - O processo de adicionar chave de ronda é o mesmo que o do processo de encriptação.

Colunas de mistura inversas: - Na operação de coluna de mistura inversa, efectua-se a mesma operação na coluna de mistura, mas com uma matriz diferente, conforme especificado abaixo.

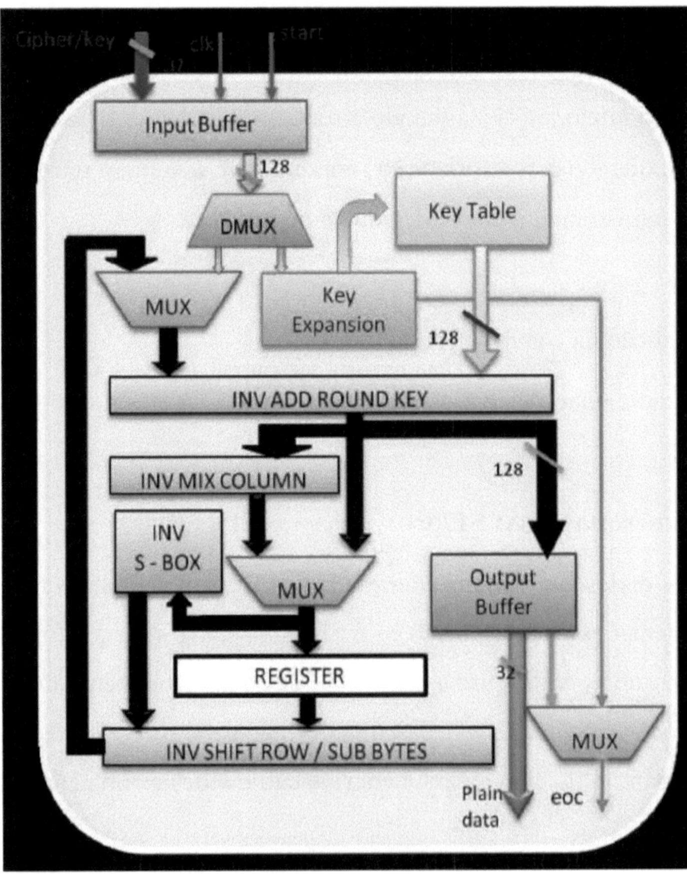

Fig. 4.4 Processo de desencriptação AES

```
byte state[4,Nb]
state = in
AddRoundKey(state, keySchedule[Nr*Nb,
(Nr+1)*Nb-1])
for round = Nr-1 step -1 downto 1
{
InvShiftRows(state)
InvSubBytes(state)
AddRoundKey(state)
keySchedule[round*Nb, (round+1)*Nb-1])
InvMixColumns(state)
}
InvShiftRows(state)
InvSubBytes(state)
AddRoundKey(state, keySchedule[0, Nb-1])
out = state
```

Inverse Sub Bytes:- Esta operação é idêntica à do processo de cifragem, mas a única diferença é que aqui se utiliza o inverso da caixa de substituição, uma vez que a caixa de substituição utilizada na cifragem é invertível.

CAPÍTULO 5 ANÁLISE DO MODELO DE SOFTWARE AES

5.1 Implementação da encriptação

A VHDL é utilizada como linguagem de descrição de hardware devido à sua flexibilidade de intercâmbio entre ambientes. O código está em VHDL e pode ser facilmente implementado noutros dispositivos, sem alterar o design. O software utilizado para este trabalho é o XILINX ISE 14.1. Este é utilizado para escrever, depurar e otimizar esforços, e também para ajustar, simular e verificar os resultados de desempenho utilizando as ferramentas de simulação disponíveis como software de design ISIM. Todos os resultados baseiam-se em simulações efectuadas com as ferramentas XILINX ISE 14.1 e ISIM, utilizando o Timing Analyzer e o Waveform Generator. Todas as transformações individuais, tanto de encriptação como de desencriptação, são simuladas utilizando a família FPGA SPARTAN e o dispositivo XC3S14001N. As caraterísticas dos dispositivos são apresentadas na Tabela 5.1

Tabela. 5.1. Caraterísticas da família SPARTAN

Device	System Gates	Equivalent Logic Cells	CLBs	Slices	Distributed RAM Bits	Block RAM Bits
XC3S50 AN	**50K**	**1,584**	**176**	**704**	**11K**	**54 K**
XC3S200 AN	**200 K**	**4,032**	**448**	**1,792**	**28K**	**288 K**
XC3S400 AN	**400 K**	**8,064**	**896**	**3,584**	**56K**	**360 K**
XC3S700 AN	**700 K**	**13,248**	**1,472**	**5,888**	**92K**	**360 K**
XC3S1400AN	**1400 K**	**25,344**	**2,816**	**11,264**	**176K**	**576 K**

De forma a permitir um processo optimizado do estado, é necessário implementar todas as transformações sobre 128 bits. A mais cara é a substituição de bytes, porque é uma operação de pesquisa numa tabela, implementada como BRAM. Cada bit requer uma localização de matriz, num total de 8 localizações de matriz de endereços armazenadas na BRAM para a encriptação e o mesmo para a desencriptação. Para processar 128 bits, é necessária uma matriz de 512 bytes para todo o processo. A chave

A expansão utiliza também uma operação de substituição de bytes sobre 44 palavras-chave, pelo que devem ser atribuídos mais 32 bits utilizando o pacote de expansão de chaves.

5.1.1 Transformação de subbytes :-

A Figura 5.1 seguinte mostra as formas de onda geradas pela transformação de substituição de bytes de 8 bits. As entradas são um relógio com um período de tempo de 100ns, um reset Active Low e um estado de 8 bits como vetor lógico padrão, cuja saída é a substituição de 8 bits da caixa S. Este projeto global utiliza 14% da área do XC3S1400AN, sendo consumidos cerca de 3376 elementos lógicos para implementar o processo global completo de 128 bits.

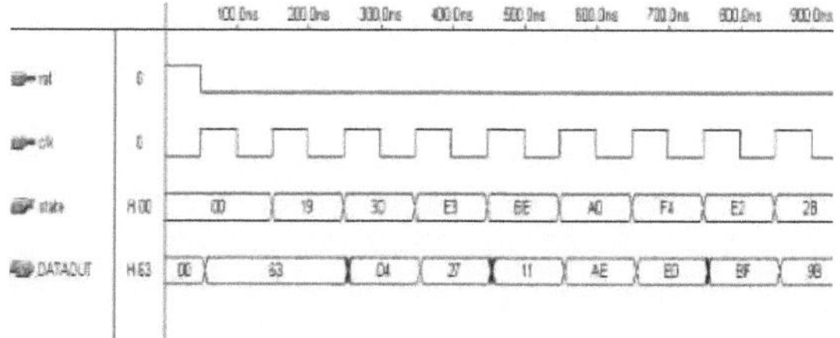

Fig. 5.1. Forma de onda do banco de ensaio AES SUB-BYTE

5.1.2 Transformação da linha de deslocação :-

A Figura 5.2 a seguir representa as formas de onda geradas pela transformação de substituição de bytes de 8 bits. As entradas são um relógio com um período de tempo de IOOns, um reset Active Low e um estado de 128 bits como um vetor lógico padrão, cuja saída é deslocada de acordo com o fluxo do projeto

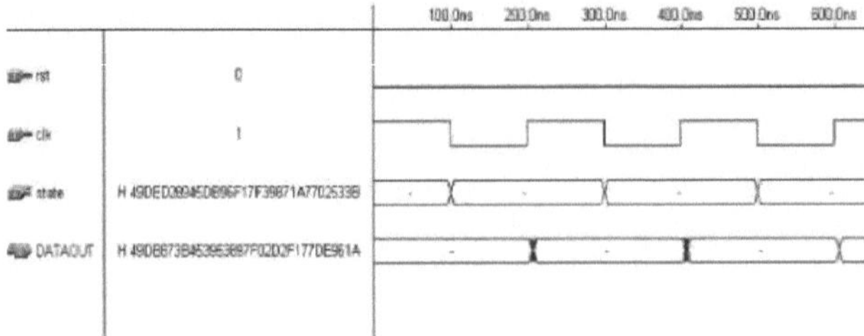

Fig.5.2.Forma de onda do banco de ensaio do AES SHIFT-ROW

5.1.3 Transformação de colunas mistas :-

A Figura 5.3 seguinte representa as formas de onda geradas pela transformação Mix Columns de 128 bits. As entradas são um relógio com um período de tempo de 1OOns, um reset Active Low e um estado de 128 bits como um vetor lógico padrão, cuja saída é misturada utilizando a multiplicação de matrizes de acordo com o fluxo de conceção

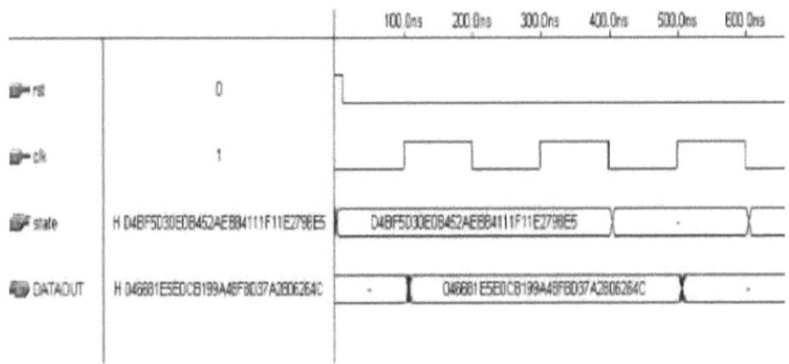

Fig. 5.3 Forma de onda do banco de ensaio AES MIX-COLUMN

5.1.4 Transformação do calendário principal: -

A Figura 5.4 a seguir representa as formas de onda geradas pela Geração de Chave Programada de 128 bits. As entradas são clock de 100ns de período de tempo, reset Active Low, round e estado de 128 bits como um vetor lógico padrão, cuja saída é a chave de 128 bits para o round um é gerada. Forma 44 palavras que actuam como 4 chaves para cada ronda.

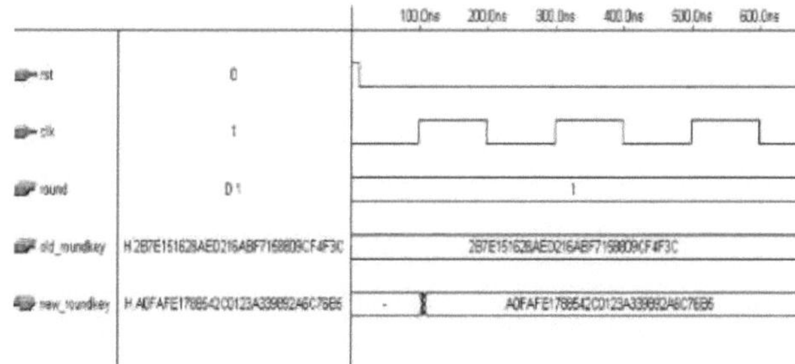

Fig. 5.4 Esquema da chave AES Forma de onda do banco de ensaio

5.2 Descriptografia Implementação:-

Os resultados da implementação da desencriptação são semelhantes aos da implementação da encriptação. O módulo de geração do programa de chaves é modificado na ordem inversa. Neste caso, a chave da última ronda é tratada como a da primeira ronda e segue-se uma ordem decrescente.

5.2.1 Sub Bytes 8 -bit Transformação :-

A Figura 5.5 a seguir representa as formas de onda geradas pela transformação de substituição de bytes de 8 bits. As entradas são um relógio com um período de tempo de IOOns, um reset Active Low e um estado de 8 bits como um vetor lógico padrão, cuja saída é uma substituição de 8 bits com uma caixa S inversa localizada numa matriz de 256 como na BRAM.

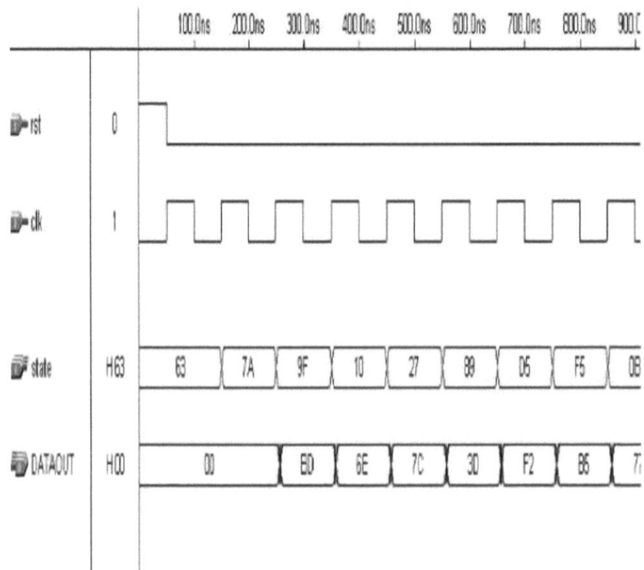

Fig.5.5. Forma de onda do banco de ensaio AES SUB BYTE

5.2.2 Transformação inversa da linha de deslocação :-

A Figura 5.6 a seguir representa as formas de onda geradas pela transformação Inverse shift Row de 8 bits. As entradas são um relógio com um período de tempo de IOOns, um reset ativo baixo e um estado de 8 bits como um vetor lógico padrão cuja saída é deslocada

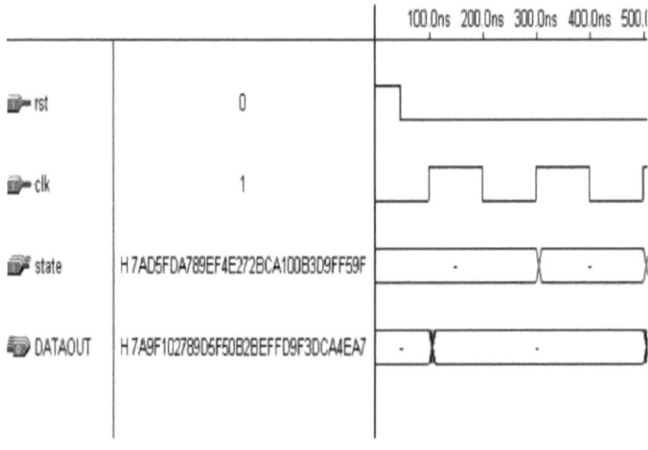

Fig.5.6 Forma de onda do banco de ensaio AES INVERSE SHIFT ROW

5.2.3 Transformação inversa das colunas mistas :-

A Figura 5.7 seguinte representa as formas de onda geradas pela transformação de substituição de bytes de 8 bits. As entradas são o relógio de período IOOns, o reset Active Low e o estado de 8 bits como um vetor lógico padrão, cuja saída é deslocada utilizando a operação de coluna Mix como parte do texto cifrado da ronda seguinte.

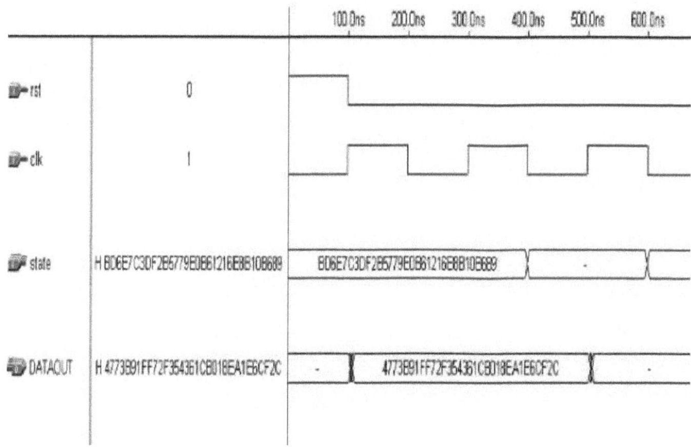

Fig. 5.7 AES INVERSE MIX COLUMN Forma de onda do banco de ensaio

5.3 Resultados do módulo superior de encriptação:-

O processo global de encriptação passa por 4 passos básicos: adicionar chave de ronda, misturar colunas, substituir bytes e deslocar linhas. Como mostra a Figura 5.8 abaixo,

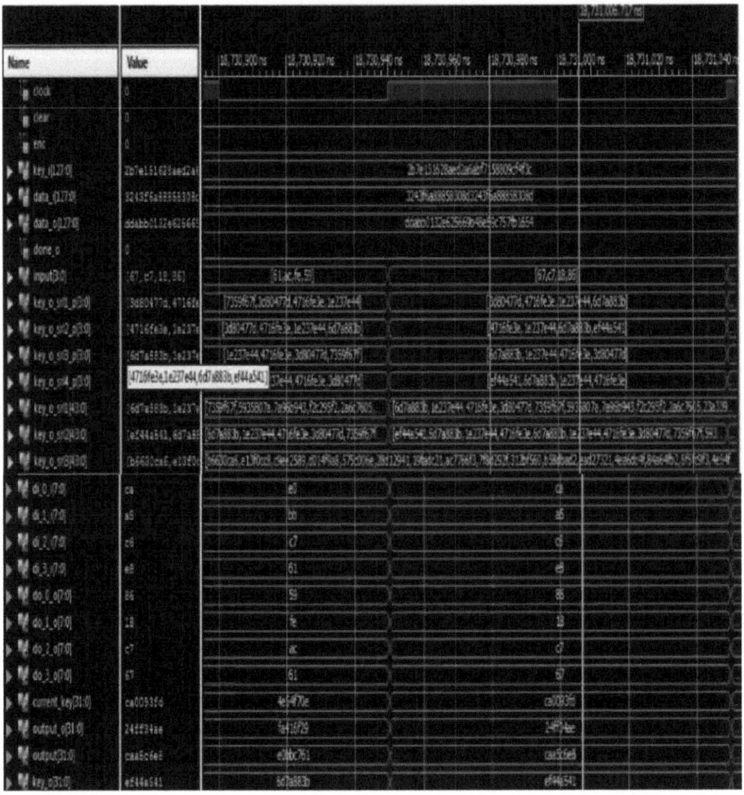

Fig. 5.8 Forma de onda do módulo TOP de encriptação AES no banco de ensaio

Como se pode ver na figura acima, o módulo superior Mini AES é concebido de acordo com o processo de encriptação AES

Entrada como:-data_i=Cadeia de 128 bits como texto simples, Key_i=Cadeia de 128 bits, Clear =0, Clk=1, enc=0 e Saída como: - data_o=Texto cifrado. O algoritmo de encriptação AES passa pela formação de 4 palavras-chave em cada ronda. Estas são as indicadas no diagrama acima, formando uma chave de estado atual de 32 bits.

5.4 Resultados do módulo superior de desencriptação:-

O processo global de cifragem passa por 4 etapas básicas: adição inversa de uma chave redonda, mistura inversa de colunas, substituição inversa de bytes e deslocamento inverso de linhas. Como se mostra na Figura 5.9,

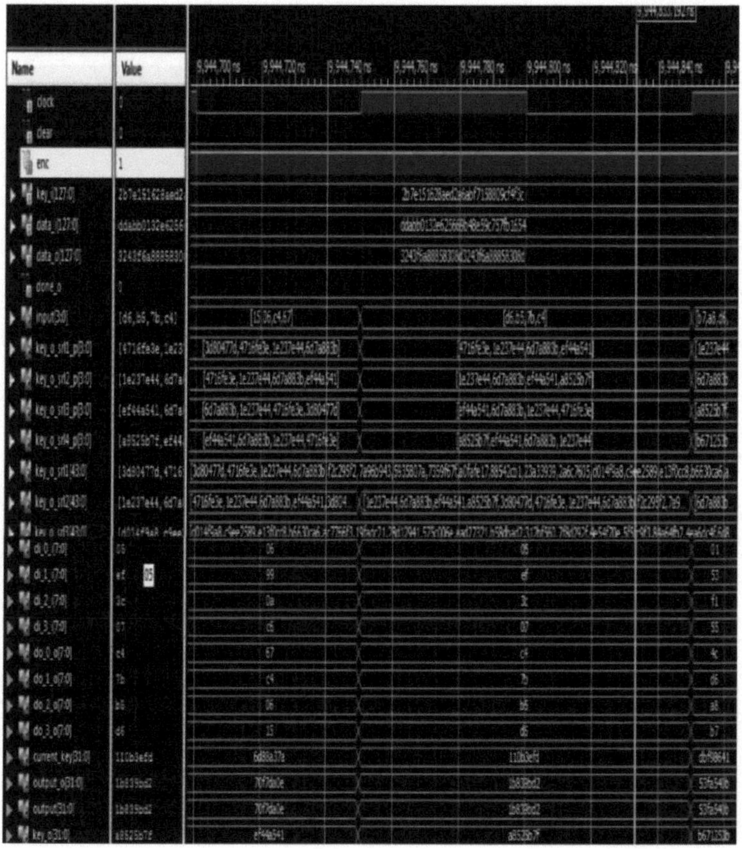

Fig. 5.9. Forma de onda do módulo TOP de desencriptação AES no banco de ensaio

Aqui, como se mostra na Figura 5.9, o módulo superior Mini AES é concebido de acordo com o processo de desencriptação AES. Entrada como:-data_i= Texto cifrado, Key_i=Cadeia de 128 bits, Clear =0, Clk=1, enc=1 e Saída como:-data_o= Texto original. O algoritmo de desencriptação AES passa pela formação de 4 palavras-chave inversas em cada ronda. Estas são as indicadas no diagrama acima, formando uma chave de estado atual de 32 bits. O processo geral é o mesmo que o da encriptação, mas a saída final da coluna de mistura é o texto simples original recuperado.

5.5 Resultados da síntese

A síntese foi efectuada no navegador de projectos Xilinx ISE 14.1, no qual o dispositivo Xilinx Spartan foi utilizado para a simulação. A síntese é baseada na otimização da área em termos de redução do número de slices. A tabela 5.2 mostra o Relatório de Síntese de Slices do modelo,

Tabela 5.2. Fatias de síntese Relatório do modelo

N.º Sr.	Parâmetros utilizados	Utilizado	Disponível	Otimização
1	Número de fatias	3223	11264	28%
2	Número de fatias Chinelos	3376	22528	14%
3	Número de LUTs de 4 entradas	3687	22528	16%
4	Número utilizado como lógica	3679		
5	Número utilizado como registos de deslocamento	8		
6	Número de lθs	388	502	77%
7	Número de IOBs vinculados	388	32	12%
8	Número de GCLKs	2	24	8%

A tabela mostra a otimização da área em termos de redução do número de fatias. De acordo com o estudo do modelo de software de investigação anterior, esta conceção optimiza a área em cerca de 30%, como mostra a tabela seguinte,

O modelo de conceção atinge um bom desempenho e ocupa menos área. Mas, nas abordagens tradicionais, o código é concebido como parte de 4 sub-módulos em cada ronda, pelo que o número de fatias será maior nessa conceção, enquanto que nesta conceção há uma redução do número de fatias.

CAPÍTULO 6 CONCLUSÃO

Neste módulo de software apresentado pelo livro para o algoritmo de encriptação AES128 foi projetado, modelado e verificado utilizando a linguagem de descrição de hardware. A ferramenta Xilinx ISE 14.1 foi utilizada para a simulação e verificação do modelo. O modelo de software foi então sintetizado utilizando o Isim Design presente na ferramenta Xilinx. Além disso, para obter uma estimativa do ganho de área com a implementação do software, foi utilizado um módulo de registo Block RAM e Folded para armazenar uma matriz de 512 bytes na memória RAM. A conceção de software proposta para o algoritmo de encriptação AES reduz as fatias associadas a cada ronda de encriptação, o que permite o carregamento de dados de 128 bits com menos unidades de memória e CLB, em comparação com uma conceção não compacta. Isto aumenta o rendimento da encriptação de mensagens e torna o modelo de software adequado para aplicações de baixa densidade. Além disso, a implementação do algoritmo de encriptação AES proporciona o máximo sigilo da chave de encriptação, resultados muito mais seguros em comparação com a implementação de outros algoritmos. O projeto foi validado exaustivamente utilizando o ISim e verificado com os resultados de encriptação e desencriptação da norma NIST. O banco de ensaio incluiu a cobertura funcional para medir o progresso da verificação das caraterísticas do projeto, a fim de garantir que este é totalmente validado. A lista de redes ao nível da porta gerada durante a fase de síntese utilizando o GCLK e o pacote extremo, o modelo proposto pode encriptar um bloco de texto simples em menos fatias do que os resultados anteriores.

Âmbito futuro:-

Há certos aspectos deste modelo que podem ser explorados no futuro. Um exemplo é acrescentar um maior número de blocos de dados, de modo a poder efetuar a cifragem e a decifragem de 192 256 blocos de dados. O modelo pode também ser alargado para efetuar a cifragem/descifragem com base noutras versões do algoritmo AES, como o TES (Twenkable Encryption Standard), em que a cifragem e a desencriptação totais do disco rígido se efectuam numa fração de segundos. A conceção do AES de segurança multi-núcleos e multi-utilizadores será implementada em que os dados serão transmitidos através de redes de comunicação para manter a segurança em linha e fora de linha.

REFERÊNCIAS

[1] Xinmiao Zhang, Student Member, IEEE, e Keshab K. Parhi, Fellow, IEEE "High-Speed VLSI Architectures for the AES Algorithm " *IEEE TRANSACTIONS, VOL. 12, NO. 9, SETEMBRO DE 2004.*

[2] Tim Good, Student Member, IEEE, e Mohammed Benaissa, "Very Small FPGA Application-Specific Instruction Processor for AES" *IEEE Transactions On Circuits And Systems, Vol. 53, No. 7, julho de 2006.*

[3] Ashwini M. Deshpande, Mangesh S. Deshpande e Devendra N. Kayatanavar, "FPGA Implementation of AES Encryption and Decryption" *Conferência Internacional sobre Controlo, Automação, Comunicação e Conservação de Energia-2009, 4-6 de junho de 2009.*

[4] Chen-Hsing Wang, Chieh-Lin Chuang, and Cheng-Wen Wu "AnEfficient Multimode Multiplier Supporting AES and Fundamental Operations of Public-Key Cryptosystems" *IEEE Transactions, Vol. 18 No. 4, April 2010.*

[5] Issam Hammad, Student Member, IEEE, Kamal Sankary, Member "High-Speed AES Encryptor with Efficient Merging Techniques" *IEEE Embedded Systems Letters Vol. 2, No. 3, setembro de 2010.*

[6] Bin Liu, Student Member, IEEE, e Bevan M. Baas, Senior Member, IEEE "Parallel AES Encryption Engines for Many-Core Processor Arrays" *IEEE Transactions On Computers, Vol. 62, No. 3 March 2013.*

[7] Chodowiec e Kris Gaj George Mason University, "Very Compact FPGA Implementation of the AES Algorithm" *MS1G5, 4400 University Drive, Fairfax, VA 22030, EUA.*

[8] Hoang Trang e Nguyen Van Loi , "An efficient FPGA implementation of the Advanced Encryption Standard algorithm" Universidade de Tecnologia do Vietname Universidade Nacional de HoChiMinh City.

[9] Adam J. Elbirt, W. Yip, B. Chetwynd e C. Paar, "An FPGA-Based Performance Evaluation of the AES Block Cipher Candidate Algorithm Finalists" *IEEE Transactions On Very Large Scale Integration (Visi) Systems, Vol. 9, No. 4, agosto de 2001 545.*

[10] Mao-Yin Wang, Chih-Pin Su, Chia-Lung Homg, Cheng-Wen Wu e Chih-Tsun Huang, "Single- and Multi-core Configurable AES Architectures for Flexible Security" IEEE Transactions On Very Large Scale Integration (Vlsi) Systems, Vol. 18, No. 4,April 2010 541.

[11] Shaikh Muhammad Farhan , Shoab A. Khan b, Habibullah Jamal "An 8-bit systolic AES architecture for moderate data rate applications" Microprocessors and Microsystems 33 (2009) 221-231,ELSEVIER Journal.

[12] Atul M. Borkar, Dr. R. V. Kshirsagar, Sra. M. V. Vyawahare "Implementação FPGA do Algoritmo AES" Publicação IEEE 978-1-4244-86793/2011

[13] L.Thulasimani, M.Madheswaran " Design and implementation of Reconfigurable Rijndael Encryption Algorithms For Reconfigurable Mobile Terminals" International Journal on Computer Science and Engineering Vol. 02, No. 04, 2010, 1003-1011

[14] Ming-Haw Jing a, Zih-Heng Chen "Reconfigurable system for high-speed and diversified AES using FPGA" Science-Diret , Microprocessors and Microsystems 31 (2007) 94102

[15] Chong Heee Kim, "Análise de falhas diferenciais melhorada na programação de chaves AES" IEEE Transactions On Information Forensics And Security, Vol. 7, No. 1, fevereiro de 2012 41

[16] Jose M. Granado-Criado,Miguel A.Vega- RodriguezJuan M.Sanchez-Perez,Juan A. Gomez- Pulido "Uma nova metodologia para implementar o algoritmo AES usando reconfiguração parcial e dinâmica" Integration,the VLSI

journal43(2010)72-80.

[17] Shylashree.N, Nagarjun Bhat e V. Shridhar "Implementações FPGA do padrão de criptografia avançada: A Survey" Revista Internacional de Avanços em Engenharia e Tecnologia, maio de 2012, ISSN: 2231-1963.

[18] P. Kitsos, N. Sklavos, M.D. Galanis, O. Koufopavlou "64-bit Block ciphers: hardware implementations and comparison analysis" Science Diret Computers and Electrical Engineering 30 (2004) 593-604.

[19] Federal Information Processing Standards Publication 197, Advanced Encryption Standard (AES), 26 de novembro de 2001.

[20] Stephen Brown e Jonathan Rose "Architecture of FPGAs and CPLDs: A Tutorial" Departamento de Engenharia Eletrotécnica e de Computadores Universidade de Toronto.

[21] Samir El Adib e Naoufal Raissouni "Implementação em Hardware do Algoritmo de Encriptação AES: Throughput and Area Comparison of 128, 192 and 256-bits Key" International Journal of Reconfigurable and Embedded Systems (IJRES) Vol. 1, No. 2, July 2012, pp. 67-74 ISSN: 20894864.

[22] Shah Kruti R., Bhavika Gambhava, "New Approach ofData Encryption Standard Algorithm" International Journal of Soft Computing and Engineering (IJSCE) ISSN: 2231-2307, Volume-2, Issue-1, março de 2012.

[23] Massimo Alioto, Massimo Poli e Santina Rocchi, "Differential Power Analysis Attacks to Precharged Buses: A General Analysis for Symmetric-Key Cryptographic Algorithms" IEEE transactions on Dependable And Secure Computing, Vol. 7, No. 3, julho-setembro de 2010.

[24] Cyrille Lambert, Tatiana Kalganova e Emanuele Stomeo, "FPGA-based Systems for Evolvable Hardware" (Sistemas baseados em FPGA para hardware evolutivo) International Journal of Electrical, Computer, and Systems

Engineering 3:1 2009.

[25] Leelavathi.G, Prakasha S, Shaila K, Venugopal K R, L M Patnaik, "Design e Implementação de Algoritmo de Criptografia Avançada com FPGA e ASIC" IJREAT Jornal Internacional de Pesquisa em Engenharia e Tecnologia Avançada, Volume 1, Edição 3, junho-julho, 2013 ISSN: 2320 - 8791.

[26] M. M. WONG, M.L.D. Wong, "Uma implementação AES s-box compacta de alto rendimento e baixa potência usando aritmética de campo composto e representação de forma algébrica", proc. IEEE 2nd Conferência sobre design eletrónico de qualidade, pp 318-323, 2010.

[27] R. Liu, K.K.Parhi "Fast Composite field architectures for advanced encryption standard" proceedings GLSVLSI' 08, Orlando, Florida, USA, pp.65-70, may 4-6, 2008.

[28] A. Menezes, P. Van Oorschot, e S. Vanstone, "Handbook of applied cryptography", CRC press, NewYork, 1997, pp. 81-83.

[29] A. Rudra, P.K. Dubey, C.S. Jutla, V. Kumar, J.R. Rao e P. Rohatgi. "Efficient Implementation of RijndaelEncryption with composite Field Arithmetic. "In proceedings of the cryptographic hardware and embedded systems conference, lecture notes in computer science Volume 2162, pp.171-185, Paris, França, maio de 2001.

[30] C.O'Driscoll. "Aspectos da implementação em hardware da cifra de bloco Rijndael". Tese de mestrado. Universidade Nacional da Irlanda, Cork, Irlanda 2001.

[31] Douglas J. Smith, "HDL chip design using VHDL or Verilog", Doone publications, 1996.

[32] Pong P. Chu, "FPGA prototyping by Verilog examples", publicações Wiley, 2008.

Printed by Books on Demand GmbH, Norderstedt / Germany